# PENSION ALIMENTAIRE

## APRÈS DIVORCE

### (Article 301 du Code Civil)

PAR

## Pierre GERVÉSIE

*Docteur en Droit*
*Lauréat de la Faculté Libre de Droit de Lyon*
*Avocat à la Cour de Lyon*

## PARIS

### LIBRAIRIE GÉNÉRALE DE DROIT ET DE JURISPRUDENCE

Ancienne Librairie Chevalier-Marescq & C^ie et ancienne Librairie F. Pichon réunies
R. PICHON & R. DURAND-AUZIAS, ADMINISTRATEURS
Librairie du Conseil d'Etat et de la Société de Législation comparée
20, RUE SOUFFLOT (5e ARRᵗ)

1928

# PENSION ALIMENTAIRE APRES DIVORCE

# PENSION ALIMENTAIRE

## APRÈS DIVORCE

### (Article 301 du Code Civil)

PAR

## Pierre GERVÉSIE

*Docteur en Droit*
*Lauréat de la Faculté Libre de Droit de Lyon*
*Avocat à la Cour de Lyon*

PARIS

**LIBRAIRIE GÉNÉRALE DE DROIT ET DE JURISPRUDENCE**

Ancienne Librairie Chevalier-Marescq & Cᵢᵉ et ancienne Librairie F. Pichon réunies

R. PICHON & R. DURAND-AUZIAS, ADMINISTRATEURS

Librairie du Conseil d'Etat et de la Société de Législation comparée

20, RUE SOUFFLOT (5e ARRᵗ)

—

1928

## Introduction

————

Le divorce est un mode de dissolution du mariage. Avec lui finit la vie conjugale. A cette union des volontés, des intelligences et des cœurs qui aurait dû régner pendant le mariage vont succéder la liberté et l'indépendance : indépendance du nom — chaque époux pourra et pourra seul se servir de son nom, — liberté du domicile, liberté de contracter un nouveau mariage.

Avec le divorce finit aussi cette interdépendance pécuniaire, variable avec les régimes, qui caractérisait le mariage. Du point de vue patrimonial, les époux deviennent des étrangers comme ils le deviennent du point de vue de leur état et de leur capacité. Ici cependant, et dans certaines hypothèses seulement, le code civil, dans son article 301, laisse subsister un lien entre eux. Aux termes de cet article, en effet, si dans l'instance en divorce l'un des conjoints a été jugé sans reproche et l'autre coupable d'agissements propres à rendre la vie commune impossible, les juges peuvent allouer au conjoint innocent — c'est le nom traditionnel de l'époux bénéficiaire du divorce — une pension alimentaire au cas du moins où ses propres moyens ne sauraient suffire à assurer sa subsistance. Un des époux — l'époux coupable — ne reprendra donc peut-être pas l'entière disposition de son patrimoine, peut-être sera-t-il tenu de distraire une partie de ses revenus pour les verser à son ancien conjoint.

En établissant semblable mesure, notre code ne fait point tache au milieu des diverses législations. On trouverait une réglementation analogue dans plusieurs lois étrangères — qu'il nous suffise de citer au passage les lois allemande et suisse — comme on en trouvait déjà dans les législations des siècles passés, à Rome par exemple. A Rome, le mariage n'était pas un contrat indissoluble en droit, il fut cependant pendant longtemps indissoluble en fait : ainsi le voulaient les mœurs austères des premiers siècles. Mais à la fin de la République, les mœurs se relâchèrent, le fait en vint à se modeler sur le droit. Dès lors les divorces se multiplièrent.

Il y avait, du reste, deux sortes de divorce, le « *divortium bona gratia* », ou par consentement mutuel, et le « *repudium* », ou rupture du lien conjugal par volonté unilatérale. Du premier, il n'y a rien à dire. Consommé d'un commun accord, il n'aurait pu engager la responsabilité personnelle de l'un des conjoints. Dans le « *repudium* », au contraire, il y avait toujours un époux innocent et un époux coupable ;— était coupable l'époux qui subissait la répudiation s'il avait donné à son conjoint de justes motifs de la prononcer ou celui qui la prononçait, s'il le faisait sans raison légitime. — Cette culpabilité fut un jour sanctionnée par le législateur : l'empereur Auguste. Les femmes, sous ce prince, étaient toujours créancières de la restitution de leur dot et pouvaient impunément se jeter dans les plus grands désordres. Auguste, pour protéger leurs époux, créa la « *retentio propter mores* », qui leur permit de se dédommager des torts de leurs épouses en retenant sur leurs biens une part plus ou moins considérable, selon la gravité de ces torts.

Plus tard, au vi⁰ siècle de notre ère, lorsque se fut établie la coutume de la « *donatio propter nuptias* », il fut décidé que la femme innocente aurait droit à cette donation et à la restitution de sa dot, comme aurait droit aux deux le mari innocent en face de sa femme coupable. La dot et la donation « *propter nuptias* » allèrent donc désormais à l'époux innocent. On peut voir là — sans crainte d'errer, semble-t-il — un précédent historique de notre article 301.

La législation romaine présentait, par ailleurs, un avantage sur la nôtre. A Rome, sans aucun doute, les mesures prises contre l'époux coupable l'étaient à titre de peine. La même certitude n'existe pas aujourd'hui sur le fondement de notre article 301. Le législateur de 1804 s'est montré avare de réglementation sur la pension alimentaire après divorce. Il a bien posé quelques règles positives : condition d'innocence chez le demandeur ; fixation de la pension au tiers, au maximum, des revenus de l'époux coupable ; révocation possible de la pension dans le cas où elle ne serait plus nécessaire, mais c'est tout. Il n'y a rien dans le texte légal sur le fondement du droit qu'il organise.

Si nos législateurs ont veillé à assurer la subsistance

de l'époux innocent, ils ont laissé dans l'ombre la jus-
tification du droit qu'ils lui octroyaient. Certes, ils n'eurent peut-être pas l'intention, avouée parfois depuis, de
s'en remettre à l'appréciation des juges, « détestable
manière de légiférer qui consiste à se débarrasser sur
la jurisprudence de toutes les questions épineuses. Le
premier devoir du législateur est de résoudre lui-même
les questions de principe et de ne laisser au juge que
l'application. » Le mot est de M. Planiol (¹). Toujours
est-il que le travail qu'ils ne firent pas dut être fait par
d'autres.

Deux écoles, à la vérité, ne tardèrent pas à se trouver en présence. Pour les uns, l'article 301 C. civ. devrait être regardé comme la survie, voulue par le législateur, du devoir de secours établi entre conjoints par
l'article 212 C. civ., à sa cause : le mariage. Pour les
autres, cette survie d'un effet à sa cause ne saurait se
concevoir et, le devoir de secours écarté, le fondement
de l'article 301 devrait être recherché dans le principe
général formulé par l'article 1382 C. civ, en vertu duquel tout fait lésif oblige celui qui en est l'auteur à réparer les conséquences dommageables de son acte. Mettre son conjoint dans l'obligation de subir ou de demander le divorce est un acte fautif. L'époux innocent
voit se briser une union qu'il pouvait considérer comme durable, il n'est pas étonnant qu'il puisse demander
quelques dédommagements à son conjoint qui vient
ainsi briser ses espérances.

Pour traiter cette question de la pension après divor-

_______________

(1) Traité élémentaire de droit civil. Huitième édition, II,
n° 1885.

ce, nous commencerons par exposer les règles positives données par la jurisprudence. Nous verrons les Cours et Tribunaux — selon les résultats jugés par eux désirables — décider que la pension de l'article 301 C. civ. se rattache à l'article 212 ou à l'article 1382 C. civ. Ce sera l'objet de notre première partie (²).

Puis, dans une seconde partie, nous en viendrons à l'exposé des deux conceptions en présence. Nous entendrons leurs partisans nous fournir les raisons de leur manière de voir et déduire de leurs principes les conséquences logiques.

Et nous aurons enfin à nous demander si, ici comme ailleurs, la vérité ne serait pas en un juste milieu, si de la rencontre entre les deux écoles adverses ne devrait pas sortir la fusion de leurs idées plutôt que la disparition totale de l'une d'elles ; la pension de l'article 301 C. civ. étant à la fois alimentaire et indemnitaire, indemnitaire au fond, alimentaire en la forme, si bien que la jurisprudence devrait appliquer cumulativement les règles des pensions alimentaires et des indemnités, et non pas selon les circonstances, celles des pensions ou des indemnités.

---

(2) Nous examinerons en principe, seulement la jurisprudence postérieure à 1884. De 1816 à 1884, la jurisprudence avait, il est vrai, appliqué l'article 301 C. civ. à la séparation de corps. Lorsque l'occasion s'en présentera, nous ferons connaître les décisions les plus remarquables rendues pendant cette période.

# PREMIÈRE PARTIE

———

## Exposé de la jurisprudence

———

Nous traiterons ici des conditions d'obtention de la pension, de son montant, de ses garanties et de ses modes d'extinction.

## CHAPITRE PREMIER

———

## Les conditions d'obtention de la pension

———

Aux termes de l'article 301 C. civ.: « Si les époux ne s'étaient fait aucun avantage ou si ceux stipulés ne paraissent pas suffisants pour assurer la subsistance de l'époux qui a obtenu le divorce, le tribunal pourra lui accorder sur les biens de l'autre époux une pension alimentaire qui ne pourra excéder le tiers des revenus de cet autre époux... »

—

Deux conditions ressortent clairement de ce texte :
texte :

1° le demandeur doit avoir obtenu le divorce ;

2° ne pas pouvoir subsister avec ses seules ressources ;

Une troisième y est sous-entendue : pour obtenir une
pension, l'époux doit former une demande à cet effet.

### Section I. — **L'obtention du divorce**

Si les époux — ou l'un des époux — demandent « de
plano » le divorce, l'application du texte légal ne soulève aucune difficulté. Il faut, mais il suffit, que le demandeur ait obtenu le divorce à son seul profit. Aucune
pension ne pourra donc être allouée lorsque le divorce
aura été prononcé aux torts respectifs des deux
époux (1) ou lorsque, tout en prononçant le divorce au
profit de l'un des époux, le tribunal prononce la séparation de corps au profit de l'autre (2).

Cette règle fondamentale s'applique d'ailleurs aussi
bien devant les cours que devant les tribunaux de première instance. Si, par exemple, le jugement de première instance qui accueille la demande en séparation
de corps de la femme et rejette la demande en divorce
du mari peut allouer une pension alimentaire à la femme, la Cour qui infirme la décision et prononce la sé-

(1) Nimes, 19 mai 1886. *Gaz. Pal.*, 1886 (2ª sem.), 559.
(2) Cass. civ., 22 avril 1913. S. 1913, I, 356. — *Gaz. Trib.*, 1913
(2ª sem.), I, 116. Cf. Cass. Req., 22 février 1922, *Gaz. Pal.*, 1922,
I, 695. *Gaz. Trib.*, 1922, I, 106.

paration de corps au profit de la femme en même temps qu'elle prononce le divorce au profit du mari doit nécessairement et sans avoir à donner de motifs rejeter la demande en pension alimentaire de la femme parce que, dit la Chambre des Requêtes [3] « la prononciation du divorce a rompu le lien conjugal et affranchi chacun des époux des obligations alimentaires... et que l'article 301 n'accorde de pension qu'à l'époux qui a obtenu le divorce... »

On ne saurait donc faire grief à un arrêt d'avoir laissé sans réponse les conclusions d'une femme tendant à l'allocation d'une pension alimentaire, alors qu'en première instance le divorce avait été prononcé à ses torts et griefs [4].

Au lieu de demander « de plano » le divorce, les époux peuvent commencer par la séparation de corps et n'arriver au divorce que plus tard, « par conversion ». Cette situation est prévue par l'article 310 C. civ., modifié par la loi du 6 juin 1908. Les difficultés qu'elle soulève existaient déjà sous l'empire de l'ancien article 310. Elles avaient été résolues par la Jurisprudence dont la loi nouvelle ne fit que consacrer les décisions.

Avant la loi du 6 juin 1908, la conversion de la séparation de corps en divorce était facultative pour le tribunal. Quand cette conversion était prononcée, la pension alimentaire accordée par le jugement de séparation de corps ne survivait pas toujours. Elle survivait si elle avait été allouée en vertu de l'article 301

(3) **Cass. Req.,** 9 février 1925. S. 1925, I, 102.
(4) Cass. Req., 28 janvier 1925. S. 1925, I, 55,

C. civ. à cause du caractère indemnitaire que commençait à reconnaître la jurisprudence à la pension réglementée par cet article; elle disparaissait si elle était basée sur l'article 212, d'après lequel « les époux se doivent mutuellement fidélité, secours, assistance », le devoir de secours cessant lui-même avec le divorce. Il ne restait plus dans cette dernière hypothèse, à l'époux dans le besoin et bénéficiaire du divorce, qu'à former une demande nouvelle en invoquant l'article 301 C. civ. (⁵).

Il arrivait toutefois souvent aux diverses juridictions de ne pas indiquer en vertu de quel article elles allouaient une pension alimentaire et toute une jurisprudence se forma très favorable à l'époux titulaire de la pension. Il fut jugé d'abord que, devant un jugement de séparation de corps mentionnant et l'article 212 et l'article 301 C. civ., la pension devait être maintenue après la conversion puisque l'article 301 avait été visé (⁶).

Il fut décidé ensuite que devant un jugement ne citant au contraire aucun des deux articles, on pouvait considérer la pension comme fondée sur l'article 301(⁷). On en vint enfin à dire qu'en face d'un jugement ne parlant que de l'article 212 on pouvait décider, en considération de certains motifs du jugement, que l'article 301 avait été sous-entendu — et même substituer, lors de la conversion, le second de ces articles au

---

(5) Cass. civ., 4 février 1889. S. 1889, I, 228.
    Cf. Bordeaux, 18 mars 1892. S. 1892, II, 276.
    Paris, 16 mai 1893. S. 1893, II, 224.
(6) Paris, 15 mars 1887. S. 1888, II, 213.
(7) Cass. Req., 27 déc. 1905. S. 1907, I, 461.

premier si les motifs du jugement ne permettaient pas une semblablé supposition (8).

En définitive, le conjoint bénéficiaire de la conversion fut, dans tous les cas, assuré de conserver le bénéfice de la pension qui lui avait été accordée par le jugement de séparation de corps (9). La cour de Bourges (10) décida même qu'une femme titulaire d'une pension alimentaire en vertu de l'article 212 C. civ. gardait son droit à la pension après une conversion prononcée contre elle « ses torts étant moindres que ceux du mari », mais la Cour de Cassation trouva excessif de tirer une pareille conséquence de la fusion jurisprudentielle des articles 212 et 301. « Seul l'époux qui a obtenu le divorce, dit-elle (11), « peut invoquer l'article 301, et donc, lorsque le divorce est prononcé au profit ou aux torts des deux époux — que ce soit directement ou par voie de conversion, — aucune pension alimentaire ne peut être accordée; la condition d'innocence n'est pas remplie. »

Les solutions restent les mêmes depuis la loi du 6 juin 1908. Quelques petites difficultés — nées d'une rédaction défectueuse de la loi — se sont cependant présentées dans la pratique. Le nouvel article 310 C. civ. porte en effet que « les dispositions du jugement de séparation de corps, accordant une pension alimentaire à l'époux qui a obtenu la séparation, conservent en tout cas leur effet » et certains s'estimèrent en droit

---

(8) Req. 3 janvier 1893. S. 1893, I, 225. Req. 2 mai 1900. S. 1900, I, 436.
(9) Req., 27 déc. 1905. D. 1906, I, 287.
(10) Bourges, 27 juillet 1885. S. 1888, I, 435.
(11) Cass. çiv.. 24 novembre 1886. S. 1888, I, 433,

de conclure que la pension devait être maintenue à l'époux bénéficiaire, alors même, que sur conversion, le divorce était prononcé aux torts des deux époux (¹²). Justice fut vite faite de cette opinion. Les mots de l'article 301 « l'époux qui a obtenu le divorce, étendus par la jurisprudence à l'époux qui a obtenu la séparation, ont toujours été appliqués à l'époux innocent qui a obtenu le divorce ou la séparation contre l'époux coupable et non au cas où les deux époux l'ont obtenu tous deux à leurs torts réciproques et on doit admettre que dans le nouvel article 310 les mêmes mots « l'époux qui a obtenu la séparation » ont conservé le même sens (¹³). »

La pension ne peut donc être maintenue lorsque le divorce ou la séparation est prononcée aux torts respectifs des deux époux (¹⁴).

Toutefois lorsque la séparation de corps prononcée aux torts réciproques des époux a été convertie en divorce au profit exclusif de l'un des époux, à raison des torts de son conjoint postérieurs à la séparation, l'époux qui obtient ainsi le divorce dans l'instance en conversion peut se faire allouer une pension dans les termes de l'article 301 (¹⁵).

Dans les instances en conversion, d'ailleurs, la situa-

---

(12) En ce sens, trib. de Douai, 10 décembre 1908, S. 1909, II, 60, qui invoquait la discussion de la loi de 1908 devant le Sénat, dont il découlait à son avis « que l'un des objets de la loi nouvelle avait été d'effacer toute distinction entre les effets produits par l'application des articles 212 et 301 du code civil. »

(13) Cour de Douai, 8 mars 1909, S. 1909, II, 137.

(14) Lyon, 14 décembre 1909, S. 1910, II, 72. Bordeaux, 21 février 1922, S. 1922, II, 65 (avec une note de M. Minvielle dont nous avons rapporté l'essentiel).

(15) Cour de Paris, 16 juin 1888, S. 1889, II, 103.

tion des parties demeure ce qu'elle était dans l'instance en séparation. L'époux au profit duquel la séparation a été prononcée doit être considéré, après la conversion, comme ayant obtenu le divorce, même si la demande en conversion a été formée par l'autre époux. C'est un bénéfice pour l'époux de faire prononcer la séparation à son profit. « Ce bénéfice ne saurait disparaître par le seul fait que le divorce est intervenu sur la demande en divorce, formée en vertu de l'article 310 C. civ. par l'époux aux torts duquel la séparation avait été prononcée, de telle sorte que celui-ci serait soustrait aux obligations pouvant résulter de l'application de l'article 301. En effet on ne pourrait soutenir que cet époux ait obtenu le divorce dans le sens de l'article 301, le droit à une pension alimentaire écrit dans cet article, l'ayant été non en faveur de celui qui a formé le premier sa demande, mais en faveur de l'époux dont l'union a été rompue par l'effet des torts qu'il a pu reprocher à son conjoint (16) ».

Il serait inadmissible, enfin, depuis la loi du 6 juin 1908, comme auparavant, d'accorder une pension alimentaire à l'époux dont les torts sont moins graves que ceux de l'autre. Le tribunal de Nice, reprenant la manière de voir de la cour de Bourges, s'était, à la vérité, décidé en sens contraire. Pour lui « ne pas permettre au tribunal saisi d'une demande en conversion de décider sur le service d'une pension ou le paiement de dommages-intérêts dans le cas d'un jugement pronon-

---

(16) Cass. civ., 4 février 1889, S. 1889, I, 228. Cf. Douai, 29 juin 1885, S. 1886, II, 177. Cf. Paris, 15 mars 1887, S. 1888, II, 213. Cass., 24 novembre 1886, S. 1888, I, 433.

çant la séparation de corps aux torts et griefs réciproques pourrait être la cause, depuis la loi du 6 juin 1908,
des plus flagrantes injustices (¹⁷) ». Il est presque inutile de dire que son jugement fut réformé (¹⁸).


## Section II. — L'insuffisance des revenus

Exposer les règles relatives à cette seconde condition, ce sera faire le commentaire de trois proposi-
tions :

1° L'époux demandeur en pension alimentaire doit
être dans le besoin ;

2° Peu importe, du reste, que cet état de besoin ne
survienne que postérieurement au divorce ;

3° Pourvu toutefois, dans cette dernière hypothèse,
que la cause du besoin se soit manifestée avant la dissolution définitive du mariage.


### § I. — *L'existence du besoin*

La notion de besoin, comme celle de valeur est essentiellement subjective, aussi n'exige-t-on pas, pour
accueillir l'action du demandeur en pension alimentaire, qu'il soit dans le dénûment. Le simple fait que sa
situation, en suite du divorce, est inférieure à ce qu'elle

(17) Nice, 24 juillet 1912, S. 1913, II, 243.
(18) Cour d'Aix, 19 février 1913, S. 1913, II, 243. D. 1913, II,
264. *Gaz. Trib.*, 1913 (1ᵉʳ sem.), II, 373. Cf. Cass. civ., 22 avril 1913,
*Gaz. Pal.*, 1913 (1ᵉʳ sem.), 684.

était pendant le mariage, le rend recevable à invoquer les dispositions de l'article 301 C. civ.

La Cour de Cassation l'affirmait peu après le rétablissement du divorce [19] : « Dans la fixation du montant d'une pension alimentaire, disait-elle, on doit prendre pour base les conditions d'habitude et de fortune des deux époux; on ne fait en cela qu'appliquer la règle générale du droit qui proportionne les aliments à la fortune de celui qui les doit non moins qu'aux besoins de celui qui les réclame. » De 1816 à 1884, du reste, la jurisprudence s'était prononcée dans le même sens pour l'époux séparé de corps et titulaire d'une pension alimentaire en vertu de l'article 301 C. civ. [20].

Un simple déséquilibre entre les ressources et les besoins inhérents à la situation sociale permet donc d'agir.Un doute a cependant été soulevé pour l'hypothèse où l'époux bénéficiaire du divorce aurait des parents en état de le soutenir. Lui permettre d'agir dans ces conditions « aboutirait, a-t-on dit [21], à faire supporter à d'autres que l'époux coupable les conséquences de sa faute ». Cette manière de voir ne représente pas l'opinion commune, et le tribunal de la Seine [22] a débouté de sa demande en pension alimentaire une femme dont les parents jouissaient d'une fortune importante, sous prétexte que ses parents pouvaient, si

---

(19) Cass., 27 janvier 1890. D. 1890, I, 447. Cf. Req., 2 avril 1901, D. 1901, I, 264.

(20) Civ., 30 août 1864, D. 1865, I, 69.

   Aix, 18 avril 1871, D. 1872, II, 48. Req., 19 mars 1883, D. 1884, I, 16.

(21) Collet, « De l'obligation alimentaire entre époux divorcés ». *Thèse*, Paris, 1919, page 53.

(22) Seine, 15 avril 1913, *Gaz. Trib.*, 1913 (2ᵉ sem.), II, 154.

bon leur semblait, lui fournir un complément de ressources.

### § II. — *La date du besoin*

On a soutenu — et l'on soutient encore parfois — que pour rendre l'époux innocent recevable à agir en pension alimentaire l'état de besoin doit être préexistant ou tout au moins concomitant à la dissolution du mariage.

C'est ainsi que fut repoussée une demande formée par une femme après la prononciation du divorce par l'officier de l'état civil (à cette époque, c'était en effet à l'officier de l'état civil à briser comme à nouer le lien conjugal) car « à partir de ce moment, les époux sont devenus étrangers l'un à l'autre et après un tel changement d'état il ne saurait plus être question entre eux de la réclamation d'une pension qui, si elle offre à certains égards le caractère d'une véritable indemnité, se rapporte aussi et surtout aux devoirs mutuels d'assistance qui dérivent du mariage, et aux obligations alimentaires qui ne peuvent subsister pour les époux qu'autant que subsiste leur qualité d'époux (²³). »

A s'en tenir à la lecture du recueil des sommaires, la Cour de Montpellier (²⁴) aurait tout dernièrement statué dans le même sens : « La réparation, lit-on dans ce sommaire, du préjudice causé à l'époux qui a obtenu le divorce, consistant dans l'allocation d'une pen-

---

(23) Cour de Riom, 27 janvier 1887, S. 1888, II, 215.
(24) Montpellier, 29 juin 1927, *Gaz. Pal.*, 1927 (2ᵉ sem.), Rec. des som., page 56 (nous reviendrons plus loin sur cet arrêt).

sion alimentaire, est subordonnée aux besoins de la partie demanderesse et aux ressources de la partie débitrice de cette pension et ces besoins doivent être envisagés au moment même des décisions qui entraînent la rupture du lien conjugal, sans qu'il soit possible de faire état d'événements ultérieurs qui ont pu les créer ou les aggraver. »

L'opinion opposée tend cependant nettement à prévaloir. L'époux innocent ne doit, en effet, « en aucun cas, souffrir des conséquences du divorce motivé par la faute de son conjoint ; la créance alimentaire de l'article 301 est subordonnée à cette seule condition que les ressources de l'époux au profit duquel le divorce a été prononcé soient insuffisantes pour assurer sa subsistance ; dès lors, quel que soit le moment où il tombera dans le besoin, il pourra demander une pension ».

On soutiendrait vainement que « la pension alimentaire ne saurait être réclamée que pour une cause existant au moment où le divorce a été prononcé (25) ». Cette exception ne serait pas fondée.

La demande de pension alimentaire serait recevable — il en fut ainsi jugé (26) — alors même que le demandeur aurait contracté un nouveau mariage, si, malgré cet événement heureux, il était encore dans le besoin.

On a soutenu, il est vrai, qu'au cas où le divorce aurait été prononcé uniquement à raison d'actes délictueux de l'un des époux, l'action en payement d'une pension alimentaire introduite contre lui serait sus-

---

(25) Cour de Montpellier, 19 mars 1901, S. 1905, II, 57. D. 1902, II, 25. Cf. Civ., 10 mars 1891, S. 1891, I, 148.
(26) Tribunal de Perpignan, 8 janvier 1895. D. 1895, II, 333.

ceptible de s'éteindre par la prescription de trois ans
résultant de l'article 638 C.I.C. Ainsi le voudrait le caractère indemnitaire de l'article 301. L'action qu'il autorise, a-t-on dit, a pour fondement la faute de l'époux
coupable, elle est donc bien « l'action en réparation du
dommage causé par un crime, un délit ou une contra-
vention » dont parle l'article premier C. I. C. et connue
sous le nom d' « action civile ». Si ce raisonnement
était exact, le demandeur en pension alimentaire devrait
être débouté dans le cas où il ne serait tombé dans le
besoin que postérieurement au délai requis pour la
prescription, mais le tribunal et la cour [27], devant lesquels il fut exposé, ne l'admirent pas, et leurs décisions
semblent des plus juridiques. « Qu'est-ce donc, en effet,
que l'action civile ? écrit M. Valéry [28]. Celle par laquelle la personne lésée par une infraction poursuit la
réparation du préjudice qui lui a été ainsi occasionné.
Or, tel n'est le caractère ni de l'action en divorce, ni
de l'action en payement d'aliments formée contre le
conjoint responsable du divorce. » Par l'action en divorce, l'époux qui le sollicite ne cherche pas à obtenir
réparation du préjudice qu'a pu lui causer son conjoint, il poursuit seulement la rupture du lien conjugal.
Il en est de même de la pension alimentaire. Son allocation n'a pas pour cause le préjudice dont est né le
droit de demander le divorce, mais bien celui qui est
né de la prononciation même du divorce. La prescription du droit criminel ne saurait cependant s'appliquer qu'au premier.

(27) Montpellier, précité.
(28) Note au Dalloz, 1902, II, 26.

L'opinion contraire aboutirait d'ailleurs à des conséquences inadmissibles : l'époux aurait d'autant plus de chances d'échapper au service de la pension alimentaire qu'il se serait plus mal comporté envers son conjoint; l'action en pension alimentaire pourrait être éteinte avant que le divorce soit définitif. Son rejet, des plus légitimes, est donc des plus heureux.

### § III. — *La date de la cause du besoin*

D'après la jurisprudence — qui, dernièrement, semble avoir été approuvée implicitement par la Cour suprême — l'époux, bénéficiaire du divorce, peut se pourvoir en pension alimentaire, même pour un état de besoin né postérieurement à la dissolution du mariage, mais à la condition — et c'est ici le point délicat de la question — que la cause du besoin se soit manifestée antérieurement à la dissolution définitive du mariage. « Le lien conjugal étant absolument dissous, il importe que la cause en raison de laquelle l'époux qui a obtenu le divorce réclame une pension alimentaire ait existé au moment même où le lien conjugal a été brisé [29]. » Si l'article 301 C. civ. n'exige pas que le préjudice que la pension alimentaire accordée à l'époux innocent a pour but de réparer, se soit manifesté à une époque déterminée, il faut néanmoins, pour que cette pension puisse être accordée, qu'il y ait rapport de cause à effet entre la rupture du lien conjugal et l'état de besoin de l'époux demandeur.

(29) Paris, 16 juin 1888, S. 1889, II, 103. Cf. Paris sous Cassation. D. 1891, I, 175.

Ce rapport de cause à effet existe par exemple, et la demande de pension alimentaire formée par la femme bénéficiaire du divorce doit être accueillie lorsque la demanderesse, privée par le divorce des ressources que lui procurait le travail de son mari, a dû, pour vivre, abandonner sa condition sociale et assumer les soucis et les fatigues de la gestion d'une maison de commerce. Si son dur labeur a contribué à faire évoluer et aggraver la maladie dont les premiers symptômes s'étaient manifestés durant le mariage, si son état en vient à nécessiter des soins spéciaux et dispendieux, hors de proportion avec ses ressources, il est de toute justice qu'elle puisse invoquer contre son ancien mari les dispositions de l'article 301 C. civ. Ainsi en a décidé la Cour de Nancy (30).

Une dame A... avait, d'abord, demandé et obtenu le divorce contre son mari, le sieur H... Divorcée, elle se lança dans le commerce, mais, surmenée, tomba gravement malade, d'une maladie dont les premiers symptômes s'étaient manifestés durant le mariage. Elle eut alors l'idée de demander une pension alimentaire à son ex-mari. Le tribunal de Mirecourt, dans un jugement très intéressant, admit sa prétention. Le tribunal constate d'abord que « H..., se basant sur le caractère indemnitaire de la pension prévue par l'article 301 C. civ., allègue que pour apprécier le bien fondé de la demande, il faut se reporter à l'état de choses existant lors de la dissolution du mariage, qu'aucun préjudice n'a été constaté à cette époque, et que celui invoqué par

(30) Nancy, 6 avril 1921, S. 1922, II, 29. *Gaz. Pal.*, 1921 (2ᵉ sem.), 71.

la demanderesse actuellement est la conséquence d'événements étrangers au fait même du divorce. » Il réfute
cette objection. « L'article 301, dit-il, n'exige pas que
le préjudice qu'il a pour but de réparer se soit manifesté à une époque déterminée ; le dommage causé à
l'époux innocent doit être direct, mais il n'est pas nécessairement immédiat ou immédiatement constata-
ble ; contenu en puissance dans le fait de la rupture
du mariage, il peut ne se développer qu'à la faveur
d'événements ultérieurs ou de circonstances nouvelles,
et alors seulement l'obligation de l'époux coupable,
jusqu'alors purement virtuelle, deviendra effective. »
« Au surplus, ajoute-t-il, d'après l'article 301, la pension alimentaire est révocable lorsqu'elle cesse d'être
nécessaire ; il faut en conclure que, comme les autres
obligations alimentaires, celle-ci varie suivant la situation du créancier et du débiteur, naissant, disparaissant, se modifiant suivant les vicissitudes de la fortune
de chacun d'eux ; elle est, en définitive, basée sur les
ressources du débiteur et les besoins du créancier ; en
conséquence, le droit de l'époux innocent ne peut
s'exercer avant l'avènement de la condition d'où il dépend, mais il peut s'exercer à quelque moment que cette
condition vienne à se réaliser. »

Et le tribunal applique à l'espèce qui lui est soumise
les principes qu'il vient de rappeler. « La rupture du
lien conjugal, rendue nécessaire par la conduite du
sieur H..., a privé la dame A... non seulement du sou-
tien moral et matériel qu'elle avait pu légitimement
chercher dans le mariage, mais encore des ressources
que lui procurait le travail de son mari ; forcée de sor-

tir du rôle imparti à une femme de sa condition sociale, elle a dû, pour subvenir à ses besoins, assurer les fatigues et les soucis inhérents à la gestion d'une maison de commerce ; portant déjà en elle le germe d'un mal qui eût exigé des soins continus et un repos au moins relatif, mais répugnant à faire appel à l'homme qui l'avait outragée, elle a pu, pendant près de vingt ans, et au prix d'un labeur excédant sans doute ses forces, se créer des ressources suffisantes pour assurer son existence, mais par la perte totale de sa santé déjà compromise par les épreuves du divorce, puis peu à peu détruite par les préoccupations et les fatigues nées de conditions d'existence que lui eût épargnées le maintien du mariage, elle est tombée dans un état de nécessité, aggravé par les difficultés actuelles de l'existence. » Son recours aux dispositions de l'article 301 C. civ. est pleinement justifié.

En appel, la Cour de Nancy statua dans le même sens que le tribunal de Mirecourt. « Si le mariage dont la dissolution a eu pour cause unique et exclusive l'infidélité du sieur H... subsistait encore, la dame A... pourrait légitimement compter sur l'assistance de son mari ; si cette assistance lui fait défaut aujourd'hui, c'est parce que le divorce est ; il existe donc bien un rapport de cause à effet entre la rupture du lien conjugal et l'impossibilité où se trouve actuellement la dame A... à subvenir à ses besoins. »

En accordant une pension alimentaire pour des besoins nés postérieurement au divorce, les cours et tribunaux doivent, toutefois, indiquer — et de façon clai-

re — la nature et la date de la cause des besoins. Une
cassation serait sans cela possible, et, de fait, fut cassé
un arrêt de la Cour d'Aix, accordant une pension alimentaire à une femme divorcée, mais ne relevant,
comme causes d'indigence que « l'état précaire de la
santé », sans autre précision, et « les difficultés nouvelles de la vie (31) ».

L'ex-mari se pourvut en cassation, sous prétexte
que la cour avait fait état de circonstances postérieures au jugement de divorce. Il fut assez heureux pour
convaincre la Cour suprême. « L'arrêt attaqué, dit-elle,
prétend que les besoins de la dame A... ont augmenté
parce que l'état de sa santé ne lui permet plus de tra-
vailler au moment où les difficultés de l'existence s'ag-
gravent, ces constatations se rapportent à des événements actuels, c'est-à-dire postérieurs au divorce (32). »
Il y a lieu à cassation.

La cour de renvoi a fait sienne la doctrine de la Cour
de cassation : « Il est constant en droit et en jurisprudence, peut-on lire dans son arrêt, que la réparation du
préjudice causé à l'époux qui a obtenu le divorce, consistant dans l'allocation d'une pension alimentaire, est
subordonnée aux besoins de la partie demanderesse et
aux ressources de la partie débitrice de cette pension »,
mais « ces besoins doivent être envisagés au moment
même des décisions qui entraînent la rupture du lien
conjugal, sans qu'il soit possible de faire état d'événements ultérieurs qui ont pu les créer ou les aggra-

(31) **Aix,** 13 octobre 1923, D. 1924, II, 40. *Gaz. Pal.* 1923 (2ᵉ sem.),
669.
(32) **Cass. civ.,** 18 octobre 1926, D. 1927, I, 102.

ver ». Or, dans la présente affaire, ni en 1908, au moment du jugement de séparation de corps, ni en 1919, au moment de la conversion en divorce, la femme n'avait réclamé de pension alimentaire. Ce n'est qu'en 1921 qu'elle formula cette demande sans invoquer d'ailleurs l'état précaire de sa santé auquel elle ne fit allusion que dans la suite. « Il est donc constant que la dame A... ne justifie pas que ni en 1908, comme l'a jugé le tribunal, ni en 1919, lors du jugement de conversion, elle fût dans le besoin, et que tous les documents susvisés établissent, au contraire, que ses ressources ne sont devenues insuffisantes et que son état de santé ne s'est aggravé postérieurement à 1919. Dans ces conditions, un des éléments essentiels pour baser sa demande fait défaut et la Cour ne peut que la rejeter (33).»

La Cour prend soin de préciser que l'état de santé ne s'est aggravé que postérieurement à 1919, date de la dissolution définitive du mariage, elle eût donc très vraisemblablement statué en sens contraire si le mauvais état de santé de la femme, cause préexistante de ses besoins futurs, se fût manifesté dès avant cette dissolution (34).

## Section III. — La demande de pension alimentaire

Un tribunal, prononçant un divorce, ne peut, de lui-même et d'office, allouer une pension alimentaire à l'époux qui triomphe. Des conclusions, en ce sens, de

(33) Montpellier, 29 juin 1927, D. Hebd., 27 octobre 1927, p. 471.
(34) Cf. note de M. Rouast au D. 1927, I, 103, colonne 1.

l'époux bénéficiaire du divorce, sont nécessaires. Par contre, le tribunal n'est jamais tenu de faire droit aux conclusions de la partie demanderesse. L'article 301 C. civ. ne dit pas que le tribunal sera obligé, mais bien qu'il « pourra accorder une pension alimentaire ». Ces points ne souffrent aucune difficulté. D'autres questions sont plus ou moins litigieuses. Ce sont celles que nous étudierons ici :

1° L'époux innocent peut-il demander une pension alimentaire par un jugement postérieur au divorce ?

2° S'il forme sa demande de pension alimentaire au moment de la conversion du jugement de séparation de corps en divorce, peut-il la porter devant la chambre du conseil ?

3s Une demande de pension alimentaire en appel serait-elle recevable ?

## § I. — *Allocation d'une pension par jugement postérieur au divorce*

La possibilité pour l'époux innocent de solliciter une pension postérieurement au jugement de divorce, a été autrefois très vivement combattue. Elle est aujourd'hui, au contraire, universellement admise et découle de celle d'agir même pour des besoins postérieurs au divorce.

Dans cette hypothèse, en effet, le jugement sollicité sera lui-même postérieur au divorce [35]. Il est vrai, toutefois, que s'il n'eût pas été permis de solliciter un tel jugement, il n'eût pas été possible non plus de faire

(35) Aix, 13 octobre 1923, D. 1924, II, 40.

état de besoins nés postérieurement à la dissolution définitive du mariage. En définitive, les deux solutions se conditionnent l'une l'autre.

Nous avons déjà exposé la première (36), il nous reste à légitimer la seconde. Légitimation facile : l'article 301 C. civ. n'assigne aucun délai spécial pour l'introduction de la demande en pension alimentaire. Décider qu'un jugement postérieur au divorce ne pourrait allouer cette pension serait ajouter arbitrairement une déchéance à la loi ; or, une déchéance est une mesure rigoureuse, il ne peut donc appartenir au juge de suppléer au silence du texte légal. C'est en ce sens que se prononce, depuis fort longtemps déjà, la Cour de cassation (37). Pour elle, cette fin de non-recevoir ne saurait être opposée à l'époux quel que soit le laps de temps écoulé depuis la prononciation du divorce. La même solution a été donnée depuis par de nombreuses décisions judiciaires (38).

A la vérité, n'y aurait-il pas quelque différence à établir entre les pensions allouées par le jugement même du divorce et celles allouées par un jugement postérieur ? Certains l'ont soutenu pour l'hypothèse, du moins, d'un divorce prononcé par conversion. En ce cas, seules les premières devraient survivre. Ainsi en

(36) Il faut remarquer, du reste, que même s'il n'était pas permis d'agir pour un état de besoin né après la dissolution définitive du mariage, la question se poserait toujours de savoir si l'époux innocent peut solliciter une pension par un jugement postérieur en raison de besoins préexistant au divorce.

(37) Cass., 10 mars 1891, D. 1891, I, 175. S. 1891, I, 148.

(38) Citons, par exemple : Montpellier, 19 mars 1901, S. 1905, II. 57. Nancy, 21 février 1903, D. 1904, II, 452. et 6 avril 1921, S. 1922. II. 29. Poitiers, 29 mai 1922, D. 1922, II, 111. *Gaz. Pal.* 1922 (2ᵉ sem.). 272. Seine. 28 juin 1926, D, Hebd., 1926, p. 492.

avait décidé la Cour de Riom (³⁹). Pour elle, la pension accordée par le jugement même de séparation de corps était basée sur l'article 301 C. civ., et son maintien s'imposait, mais la pension octroyée par un jugement postérieur était fondée sur l'article 212 C. civ. Elle prenait fin au moment de la conversion en même temps que le devoir de secours dont elle était une manifestation. Cette opinion est restée isolée. Il a été, au contraire, formellement décidé que l'époux innocent conserve sa pension même lorsqu'elle lui a été allouée par un jugement postérieur au jugement de séparation de corps. « La conversion du jugement de séparation de corps en jugement de divorce a pour conséquence de rompre les liens du mariage qui, jusque là, n'étaient que relâchés, et de produire un changement d'état, elle ne saurait modifier les autres dispositions du jugement de séparation de corps dont le bénéfice reste acquis à celui des époux au profit duquel il a été rendu (⁴⁰). »

On était alors sous l'empire de l'ancien article 310 C. civ. Survint la loi du 6 juin 1908, modifiant cet article. D'après le nouveau texte, « les dispositions du jugement de séparation de corps accordant une pension alimentaire à l'époux qui a obtenu la séparation conservent en tous cas leur effet ». N'allait-on pas pouvoir soutenir — M. Jeanneney le faisait observer au moment du vote de la loi — « que le texte n'ayant disposé que pour un cas bien déterminé, par *à contrario*, la pension allouée par un jugement postérieur au juge-

---

(39) Riom, 27 janvier 1887, S. 1888, II, 214.
(40) Paris, 15 mars 1887, S. 1888, II, 213. Cf. Caen, 19 mars 1889, S. 1890, II, 209. Bordeaux, 11 mars 1892, S. 1892, II, 276. Req., 3 janvier 1893, S. 1893, I, 225, et 2 mai 1900, S. 1900, I, 436.

ment de séparation de corps se trouvera éteinte ». La
première décision, intervenue sur la matière, admit cependant — au moins en fait — que la pension devait
être maintenue, « car l'un des objets de la loi nouvelle
a été d'effacer toute distinction entre les effets produits
par les articles 212 et 301 du Code civil et de régler
législativement le sort de la pension alimentaire comme celui de la conversion elle-même ([41] ». Ce jugement
fut frappé d'appel et infirmé. La Cour ([42]) prétendit que
l'article 310, « quelle que soit l'interprétation qu'on lui
donne, ne peut s'appliquer à l'espèce dont il s'agit, ni
dans ses termes ni dans son esprit, il prévoit seulement, dit-elle, le sort des pensions accordées par le
jugement de séparation et non celles qui l'ont été par
un jugement postérieur ».

A l'appui de sa décision, elle invoqua les travaux préparatoires, d'où « il résulte que la Chambre n'a pas
voulu étendre l'application de l'article 310 au cas où
c'est par un jugement postérieur à la séparation que
la pension a été accordée ».

Les craintes de M. Jeanneney étaient fondées, et elles
le sont d'autant plus que la question n'ayant jamais été
portée devant la Cour de cassation, nous ignorons en
quel sens elle statuerait.

Les inconvénients qui pourraient naître des difficultés d'interprétation du texte légal sont cependant, en
fait, assez minimes, parce que — et la remarque est
du rapporteur de la loi devant la Chambre — « toujours,

---

(41) Trib. de Douai, 10 décembre 1908, S. 1909, II, 60.
(42) Cour de Douai, 8 mars 1909, S. 1909, II, 137. D. 1909, II,
239.

ou presque toujours, la pension est accordée par le jugement même qui prononce la séparation de corps ». Les événements semblent lui avoir donné pleinement raison; la question ne s'est pas présentée à nouveau devant les tribunaux, sous sa forme la plus simple du moins.

Le tribunal de Marseille ([43]) eut, toutefois, à statuer sur une hypothèse analogue. Il se décida pour la survivance de la pension. Par jugement de séparation de corps, rendu aux torts et griefs du mari, le tribunal de Toulon avait, en 1917, accordé à la femme une pension alimentaire de 200 francs par mois. Le montant de cette pension fut doublé en 1919.

Deux ans plus tard, le mari demanda la conversion en divorce et prétendit que le tribunal devait prendre seulement en considération le chiffre initial du premier jugement, celui de 1917. Pour lui, la disposition de l'article 310 devait s'interpréter strictement, le divorce mettant fin au mariage et toutes les dispositions postérieures à la séparation étant, au contraire, fondées sur la persistance du lien conjugal. Le tribunal n'admit pas son raisonnement. « La pension alimentaire, qui assortit, le cas échéant, un jugement de séparation, peut puiser sa source, dit-il, soit dans l'article 212 et le devoir d'assistance, soit dans l'article 301 et la réparation du préjudice envisagé aux termes de l'article 1382 comme résultant pour l'époux qui obtient le divorce des torts de l'époux reconnu coupable. La pension

(43) Trib. de Marseille, 9 mars 1921. *Gaz. Pal.* 1921 (1<sup>er</sup> sem.), 528.

ayant, dans ce cas, un caractère indemnitaire, doit survivre, et ce dans son intégralité, le jugement subséquent
n'ayant pu modifier ce caractère, faisant corps avec lui
et ayant seulement proportionné le quantum de la pension aux conditions nouvelles de l'existence. »

La Cour de Bordeaux eut aussi l'occasion de consacrer la doctrine traditionnelle. Voici dans quelles circonstances. Le tribunal de Boulogne, prononçant, en
1914, la séparation au profit d'une femme, lui avait
accordé une pension, pour trois ans. En 1920, la femme demanda, devant le tribunal de Bordeaux, une nouvelle pension. Le tribunal fit droit à sa demande en
invoquant le maintien du devoir d'assistance entre
époux séparés. Il était dans l'ignorance, comme la demanderesse, du jugement de conversion rendu à la requête du mari et par défaut. Le mari fit appel de ce
jugement, révéla à la cour l'existence du jugement de
conversion, et soutint que la pension devait cesser comme ne reposant sur aucun fondement juridique. La
cour, refusant d'infirmer, décida que la pension devait
survivre, bien qu'elle eût été accordée par un jugement
postérieur de six années à celui prononçant la séparation de corps et postérieur même au jugement de divorce. « Il est inutile, lit-on dans son arrêt, de s'arrêter à cette discussion qui n'offre plus qu'un intérêt ré-
trospectif depuis la modification apportée à l'article
310, par la loi du 6 juin 1908... La loi nouvelle de 1908
a voulu mettre fin aux incertitudes résultant des controverses relatives aux articles 212 et 301... Elle a main-
tenu la pension accordée à l'époux bénéficiaire quel
que soit l'article sur lequel elle a été basée. Dans ces

conditions, l'appel ne repose sur aucun fondement juridique et doit être rejeté. » (44)

## § II. — *La compétence de la chambre du conseil*

Sous l'empire de l'ancien article 310 C. civ., antérieurement à la loi du 13 juin 1908, c'était un point controversé que de savoir si le tribunal civil, statuant en chambre du conseil sur une demande de conversion de séparation de corps en divorce, avait compétence en ce qui concerne les mesures accessoires relatives, par exemple, à la pension alimentaire.

Pour certains (45), il était de bonne logique d'admettre la compétence de la chambre du conseil, en vertu de l'adage « *accessorium sequitur principale* ». Les autres (46) — et la Cour de cassation — refusaient d'appliquer cette maxime. Pour eux, la demande en pension alimentaire, formée par l'époux bénéficiaire du divorce, au moment même de la conversion devant la chambre du conseil, était irrecevable. La compétence de cette chambre est, en effet, exhorbitante du droit commun et contraire au principe de notre droit public qui veut que les débats aient lieu publiquement. La publicité est une garantie de bonne justice. Elle ne souffre exception que dans les cas où l'ordre public ou les bonnes mœurs sont intéressés.

La Cour de cassation nuançait cependant sa déci-

---

(44) Bordeaux, 21 février 1922, S. 1922, II, 65.
(45) Cour de Pau, 30 juillet 1902, S. 1902, II, 205, et 4 août 1902, D. 1902, II, 392.
(46) Cour de Nîmes, 17 mars 1885, S. 1886, II, 178.

sion. Elle décidait qu'un jugement de conversion, statuant sur une demande de pension alimentaire et frappé d'appel du chef de la suppression de cette pension, doit être jugé dans les formes ordinaires et en audience publique et non point d'après les formes spéciales à la conversion et en chambre du conseil, étant donné le caractère purement pécuniaire du débat en appel. C'était là l'affirmation de principe, mais, ajoutait-elle, « il ne résulte aucune nullité de ce que les débats ont eu lieu en appel, en chambre du conseil et suivant la procédure spéciale aux instances en conversion, alors qu'il est constaté par l'arrêt, d'une part, que les débats en chambre du conseil ont été publics; d'autre part, qu'après le rapport du magistrat commis, les avocats des parties, assistés de leurs avoués, ont été entendus [47].

La loi du 6 juin 1908 n'a pas mis fin à la controverse. Dès le lendemain de la loi, la compétence de la chambre du conseil, pour statuer sur les questions accessoires à la conversion, fut affirmée par la Cour de Nancy [48], « parce que cette procédure est conforme à l'intérêt des parties. Sans diminuer les garanties qui leur sont dues, elle leur procure une économie de frais et hâte la solution du procès », les décisions les plus nombreuses ne tardèrent pas à être prononcées en sens contraire [49]. Elles étaient basées sur cet excellent mo-

---

[47] Cass. Req., 7 février 1887, S. 1890, I, 535.
[48] Nancy, 25 juillet 1908, S. 1909, II, 317. Cf. Lyon, 14 décembre 1909, S. 1910, II, 72. Nice, 24 juillet 1912, S. 1913, II, 243.
[49] Cour de Douai, 23 juin 1909, S. 1910, II, 252. *Gaz. Pal.,* 1909 (2ᵉ sem.), 446. Cf. trib. de Poitiers, 10 décembre 1912, S. 1913, II, 124.

tif que pour enlever aux demandes de pensions alimentaires la garantie des débats publics — règle générale de notre procédure — un texte spécial serait nécessaire et que ce texte n'existe pas En outre — cette réflexion est de M. Cruppi, président de la commission législative — « il faudrait donc, pour que cette question (M. Cruppi parlait de la garde des enfants, mais sa remarque est aussi vraie en notre matière) fut destituée des garanties ordinaires de la loi, qu'elle coïncidât par hasard avec la demande de conversion. La veille elle serait jugée publiquement, le lendemain elle serait jugée aussi publiquement, mais si elle coïncidait avec la demande de conversion — et ce jour-là seulement — elle serait jugée sans les garanties ordinaires (50) ».

En fait, peut-être vaudrait-il mieux renoncer à donner une réponse unique et faire quelques distinctions. Si la partie au profit de laquelle a été prononcée la séparation de corps se borne, lors de l'instance en conversion, à conclure au maintien de la pension, telle qu'elle lui a été primitivement allouée, on doit admettre la compétence de la chambre du conseil. Cette compétence devrait être repoussée, au contraire, dans le cas où, au moment de la conversion, l'une des parties demande le relèvement de sa pension ou « à *fortiori* », forme pour la première fois une demande de pension. La Chambres des requêtes semblait favorable à cette distinction (51). « La juridiction contentieuse de la chambre du conseil, disait-elle, est exceptionnelle et ne s'exerce que

(50) *J. off.*, 25 janvier 1907, p. 160, 2ᵉ colonne.
(51) Req., 29 janvier 1915, S. 1915, I, 121. D. 1916, I, 167.

dans les cas limitativement déterminés par un texte
formel. L'article 310 C. civ., en attribuant à la chambre du conseil la connaissance des demandes en conversion de séparation de corps en divorce, limite la
compétence de cette juridiction à l'examen du point de
savoir si les conditions de délai imposées par la loi
sont remplies. S'il décide, d'autre part, « que les dispo-
« sitions du jugement de séparation de corps accor-
« dant une pension alimentaire à l'époux qui a obtenu
« la séparation conservent en tous cas leur effet », il
n'a entendu soustraire à la publicité des débats, qui est
la règle fondamentale de notre organisation judiciaire,
aucune des contestations auxquelles peut donner lieu
la demande d'allocation d'une pension que le jugement
de séparation de corps n'a pas accordée et qui est réclamée à raison de l'état nouveau que va créer le divorce... »

Les décisions les plus récentes tendent néanmoins à
admettre dans tous les cas la compétence de la chambre du conseil. Il a été ainsi jugé que la compétence de
cette chambre, édictée par l'article 310 C. civ. doit
s'étendre à toutes les questions visées par ce texte et,
par suite, à celle de la pension alimentaire dont le montant peut être modifié par la décision prononçant la
conversion de la séparation de corps en divorce. Cette
compétence s'induit des termes mêmes de l'article
310 C. civ, paragraphe 5, qui dispose que la demande
en conversion de séparation de corps en divorce doit
être débattue en chambre du conseil. Ce débat ne peut
porter sur la conversion elle-même, qui est automatique. Elle ne peut s'établir que sur les mesures acces-

soires, telles que la pension alimentaire. C'est donc répondre au vœu de simplification du législateur de 1908 que de n'en pas faire l'objet d'une instance séparée du litige principal [52].

Quoi qu'il en soit, la chambre du conseil est assurément incompétente, dans le cas où la demande de pension alimentaire est formée par l'époux bénéficiaire du divorce postérieurement au jugement de conversion. Une telle demande présente un caractère principal. Elle n'est plus l'accessoire de la demande en conversion et ne saurait donc être soumise aux règles spéciales édictées par l'article 310 C. civ. pour la procédure de conversion [53].

## § III. — *Demande de pension alimentaire en appel*

L'époux bénéficiaire du divorce peut-il demander une pension alimentaire devant la cour lorsque, soit par oubli, soit par erreur, il n'a pas invoqué les dispositions de l'article 301 C. civ en première instance ?

Cette faculté doit certainement lui être refusée lorsqu'une telle réclamation constitue une demande nouvelle, car les demandes nouvelles sont proscrites devant la juridiction du second degré. Il faut donc dénier tout droit à la Cour d'appel de connaître de la pension alimentaire au cas où il n'en a été nullement question devant le tribunal et où l'appel est interjeté par l'époux

---

(52) En ce sens, trib. civ. Espalion, 20 mai 1926. *Gaz. Pal.*, 20 août 1926. *Rec. des Som.*, Sirey, 1926, n° 3.718. Cf. trib. de Marseille, 9 mars 1921. *Gaz. Pal.*, 1921 (1er sem.), 528.
(53) Cass. civ., 10 mars 1891, S. 1891, I, 148. D. 1891, I, 175.

coupable. L'époux innocent ne pourrait, en cette occu-
rence, solliciter une pension que devant le tribunal,
dans une deuxième instance.

Une précision s'impose cependant immédiatement.
Une réclamation formulée pour la première fois en appel ne saurait, en effet, être écartée par une fin de non-
recevoir comme constituant une demande nouvelle,
lorsqu'elle n'est qu'une suite, une conséquence, ou un
accessoire de la demande soumise aux premiers juges [54].

Il a été jugé, en ce sens [55], que la femme, demanderesse en divorce, dont les conclusions en première instance réclamaient le divorce avec « tous les effets de
droit », ne forme pas une demande nouvelle devant
la cour, en interjetant appel du jugement qui a prononcé le divorce à son profit, en ce qu'il ne comporte
pas l'allocation de la pension prévue par l'article 301
C. civ. De même, l'époux bénéficiaire du divorce serait recevable à demander devant la cour le relèvement de la pension allouée par le tribunal. Il y aurait
alors « moyen nouveau » et non pas demande nouvelle, et c'est devant la Cour de cassation seule qu'il est
interdit de faire valoir des moyens nouveaux [56].

Une espèce assez curieuse, en matière de pension alimentaire et d'appel, s'est, ces dernières années, présentée devant la Cour de Paris. Le tribunal de la Seine
avait, en 1921, prononcé le divorce entre les époux S...,

---

(54) Glasson, Précis de procédure civile, II, n° 1015 *in fine*. Gar-
sonnet, Traité de procédure, VI, § 2.128.
(55) Cour de Paris, 21 juin 1916, D. 1921, II, 115.
(56) Paris, 21 janvier 1886, S. 1886, II, 129.

à la requête et au profit de la femme. Le même jugement avait condamné S... à payer à sa femme une
pension alimentaire mensuelle.

La dame D... fit transcrire ce jugement en ce qui
concernait le divorce, puis, par la suite, releva appel
des dispositions relatives à la pension alimentaire. Malgré les protestations de l'intimé, demandant « à la cour
de déclarer cet appel non recevable par le motif que le
jugement entrepris avait été exécuté par l'appelante »,
la cour se reconnut compétente pour en connaître. « Les
chefs du jugement relatifs à la pension alimentaire...,
dit-elle, étaient distincts et indépendants de la prononciation du divorce ; ils pouvaient faire l'objet d'instances séparées, d'une disjonction ordonnée par le tribunal ou d'un acquiescement de l'une ou de l'autre des
parties: d'où il suit que la transcription de la partie de
ce jugement relative au divorce, nécessaire pour satis-
faire aux prescriptions de l'article 252 C. civ., n'a pu
avoir pour effet de dépouiller la dame D... de son droit
d'interjeter appel des dispositions qui peuvent être
modifiées sans porter atteinte à la question d'état [57]. »
La dame D... s'était, d'ailleurs, dans la signification du
jugement, réservée son droit d'appel.

La solution consacrée par cet arrêt — on l'a justement fait remarquer [58] — conduit à un résultat pratique intéressant : « l'époux qui a obtenu le divorce,
mais dont les demandes pécuniaires n'ont pas été pleinement accueillies, n'a qu'à laisser le jugement devenir

(57) **Paris, 2 mars 1922, D. 1922, II, 165.**
(58) **Note au Dalloz sous l'arrêt précité.**

définitif en ce qui concerne le divorce pour poursuivre
ensuite la réformation des autres parties du jugement ». Mais pour qu'il en puisse être ainsi, il faut
que l'époux qui reçoit la signification du jugement
n'en fasse pas une contre-signification, sans cela les dé-
lais d'appel courraient contre les deux parties en cause ;
une semblable tactique deviendrait dès lors impossible.

# CHAPITRE II

---

## Le montant de la pension alimentaire

---

Nous ne parlerons pas ici de la pension qui pourrait être versée à l'époux innocent, en vertu de l'article 203 C. civ., pour subvenir aux besoins des enfants, dont la garde lui aurait été confiée. Cette pension, d'ailleurs, à la différence de celle que réglemente l'article 301 C. civ., ne comporte pas de maximum légal. Nous traiterons seulement de la pension allouée au conjoint bénéficiaire du divorce en son nom personnel, pension, dit la loi, « qui ne pourra excéder le tiers des revenus » de l'autre époux.

Nous étudierons dans ce chapitre la fixation judiciaire de la pension alimentaire et sa variabilité. Nous aurons à rechercher si la convention des parties ne pourrait pas modifier le quantum déterminé par la loi et si le tribunal lui-même ne pourrait pas puiser dans quelque autre principe juridique le droit de dépasser la limite du tiers fixée par le code. Nous exposerons brièvement, enfin, les règles de l'imputation de la pension alimentaire.

## Section I. — Fixation judiciaire de la pension
## Sa variabilité

Le juge ne peut — c'est un point certain —, en vertu de l'article 301 C. civ., allouer une pension supérieure au tiers des revenus de l'époux coupable (¹). Il faut entendre par « revenus » non seulement les intérêts des capitaux, mais aussi les profits retirés par le débiteur de l'exercice d'un travail, d'un commerce ou d'une profession quelconque. Dans la limite de ce tiers, le juge doit, pour déterminer le montant de la pension, considérer la situation de l'époux créancier, ses besoins appréciés d'après sa condition sociale au moment du mariage. Cette pension est essentiellement variable : il n'y a jamais de chose jugée en matière de pension alimentaire.

Fixée en fonction des ressources du créancier et des besoins du débiteur, la pension doit subir les variations de ces ressources et de ces besoins, s'élever ou diminuer avec eux. L'article 301 ne prévoit, « *in terminis* », qu'une des hypothèses. S'il déclare que « la pension sera révocable dans le cas où elle cesserait d'être nécessaire », il ne prévoit pas qu'elle puisse être augmentée. Cette possibilité a cependant été, de tous temps, reconnue par la jurisprudence. S'il « est constant », en effet, et « conforme aux principes de droit admis en pareille matière qu'une pension alimentaire est tou-

---

(1) Laurent, III, 309, soutient que c'est seulement une fois assurée la subsistance de l'époux innocent que la pension ne peut excéder le tiers !

jours révisable, réductible et même révocable pour la totalité, suivant que les ressources de celui qui la sert ont diminué ou disparu, ou que la situation de celui à qui elle est servie s'est améliorée ou est devenue telle qu'il peut subsister avec ses seules ressources (²) », il est non moins certain « que la cherté de la vie et l'augmentation des ressources du débiteur » rendent justifiables les conclusions du créancier tendant au relèvement de la pension alimentaire (³).

Le texte de l'article 301 C. civ. fait dépendre l'exercice du droit appartenant à l'époux créancier de la quotité des revenus de l'époux débiteur, il en résulte donc que suivant les variations de ces revenus, la pension pourra, à toute époque, être supprimée ou réduite ou réciproquement accordée ou augmentée (⁴). Qu'on n'objecte pas le caractère indemnitaire de la pension, il ne saurait modifier sa nature. En l'absence de dispositions spéciales, la pension après divorce doit rester soumise aux règles du droit commun, proportionnée aux besoins de l'un et aux ressources de l'autre, et il est équitable que, révisable contre l'époux à qui elle a été accordée, la pension le soit aussi en sa faveur (⁵).

Le défendeur en pension alimentaire, tente souvent d'échapper à une demande d'augmentation en prétendant que cette pension a le caractère d'une indemnité accordée en vertu de l'article 1382 C. civ. C'est ce qui fut plaidé devant le tribunal de Dijon (⁶), dans une

(2) Trib. de la Seine, 9 mars 1917, D. 1918, II, 27.
(3) Cour de Lyon, 11 octobre 1919, D. 1921, II, 8. S. 1920, II, 8.
(4) Cass. civ., 18 octobre 1926, D. 1927, I, 101. *Gaz. Pal.*, 1926 (2ᵉ sem.), 693.
(5) Cour de Poitiers, 23 mai 1927. *Gaz. Pal.*, 1927, (2ᵉ sem.), 410.
(6) Dijon, 25 juillet 1924. *Gaz. Pal.*, 1924 (2ᵉ sem.), 678,

affaire où les deux termes du problème — besoins et
ressources — sont très bien mis en lumière. Le 24 février 1901, le tribunal de Dijon avait prononcé la séparation de corps entre les époux F...-V..., aux torts exclusifs du mari, condamné à payer à sa femme une pension de 70 francs par mois pour elle et ses enfants
mineurs, dont la garde lui était confiée. Le 10 juillet
1917, le mari fit convertir la séparation de corps en
divorce. La femme ne comparut pas, et le tribunal ne
fut pas appelé à statuer sur la pension alimentaire. En
1918, le tribunal réduisit la pension de moitié, car
deux des enfants, devenus majeurs, gagnaient leur vie
et le père était sur le point de voir considérablement
réduire ses ressources par suite de son admission à la
retraite ; il spécifia même qu'elle serait réduite à 20
francs par mois lorsque le troisième enfant aurait,
à son tour, atteint sa majorité. C'est sur ces entrefaites
qu'en 1924, la dame V... demanda le relèvement de la
pension à 200 francs par mois. Ses dépenses personnelles, faisait-elle observer, avaient sensiblement augmenté par suite de la crise économique ; elle était, en outre,
obligée de faire face aux frais d'hospitalisation d'une
de ses filles internée dans une maison de santé. Par
contre, la situation pécuniaire de son mari, disait-elle,
s'était sensiblement améliorée par suite de la majora-
tion de sa retraite, contrairement aux prévisions qui
semblaient avoir servi de base au jugement de 1918.

Le sieur F... soutint alors que la pension alimentaire
a le caractère d'une réparation et doit être évaluée
d'après la situation respective des parties au jour où
elle est allouée — c'est-à-dire au jour du divorce —

sans pouvoir être influencée par des événements ultérieurs. « Sans doute, par application de ces principes,
la pension peut être augmentée dans le cas où les ressources de l'époux débiteur se seraient accrues, mais
à la condition que cette pension ait été insuffisante dès
l'origine. » Il ne parvint pas à convaincre le tribunal.
« S'il est hors de doute que la pension alimentaire allouée à l'époux au profit duquel le divorce a été prononcé ne trouve pas son fondement dans l'obligation
d'assistance entre époux, consacrée par l'article 212 C.
civ., mais dérive d'une faute quasi-délictuelle dans les
termes de l'article 1382 C. civ., il n'en est pas moins
vrai qu'elle conserve pourtant le caractère d'un secours
alimentaire ; il suffit, pour s'en convaincre, de se reporter aux termes mêmes de l'article 301 du même
code, qui prévoit formellement la révocation dans le
cas où elle cesserait d'être nécessaire, c'est-à-dire dans
le cas où la créancière alimentaire serait revenue à
meilleure fortune. » « De ce caractère alimentaire, il
résulte qu'elle est susceptible de modifications, à
raison de transformations qui peuvent se produire
dans la situation de l'une ou de l'autre des parties, à
savoir l'augmentation soit des besoins du créancier,
soit des ressources du débiteur ; pour déroger à ces
principes, il faudrait un texte formel, qui ne se rencontre pas dans la disposition finale de l'article 301 C.
civ, qui n'a envisagé qu'une des deux éventualités sans
exclure formellement l'autre. »

Et le tribunal de dire « qu'il n'est pas contestable
que les ressources du mari se sont singulièrement accrues, puisque la pension de retraite, contrairement aux

prévisions du jugement de 1918, est bien supérieure à son traitement d'activité tel qu'il existait au jour du jugement de divorce, comme aussi lors de la réduction de la pension ; que, par suite, la pension, qui avait à l'origine été réduite à un chiffre inférieur aux besoins de la dame V..., en raison de la limitation prévue par l'article 301, pourrait et devrait être augmentée ».

Le tribunal porta effectivement la pension à 150 fr. par mois, car « il ressort des documents et renseignements versés aux débats que les besoins de la femme V... ont subi la progression ascendante consécutive au renchérissement de la vie et qu'en outre, depuis un certain temps et pour une période fort longue, au dire du médecin traitant, elle est dans l'obligation de pourvoir aux frais d'hospitalisation de sa fille internée dans une maison de santé ». On pourrait observer — et c'est ce que fit le sieur F... — que la femme est sans qualité pour réclamer au mari l'exécution de l'obligation alimentaire dont il peut être tenu vis-à-vis de sa fille et que cette exécution ne pourrait être exigée que par son tuteur après son interdiction. L'observation ne porte pas. La femme créancière d'une pension peut faire état de son obligation alimentaire personnelle vis-à-vis de sa fille pour justifier que ses besoins ont augmenté, de même que le débiteur de la pension pourrait invoquer un nouveau mariage, l'existence d'enfants ou de père et mère à sa charge pour solliciter une diminution de la pension (7).

Une petite difficulté, relative à la limitation du tiers,

(7) Cour de Poitiers, 23 mars 1927. *Gaz. Pal.*, 1927 ,(2ᵉ sem.), 410.

a été soulevée en matière de conversion de séparation de corps en divorce. L'article 212 C. civ., en vertu duquel une pension peut être allouée à l'époux séparé de corps, n'établit pas de maximum au chiffre de la pension. Lorsqu'une semblable pension a été accordée à l'époux bénéficiaire de la séparation, doit-elle, après la conversion, être maintenue intégralement ou bien ramenée au tiers des revenus de l'époux débiteur. Dès avant 1908, la jurisprudence admettait cette deuxième solution (⁸). C'est celle qu'on doit adopter encore aujourd'hui. Le nouvel article 310 C. civ. dispose, il est vrai, « que les dispositions du jugement de séparation de corps accordant une pension alimentaire... conservent en tous cas leur effet », mais il résulte d'une façon certaine des discussions à la Chambre que si le législateur a admis le maintien de la pension alimentaire, c'est sous la réserve qu'elle n'excéderait pas les limites de l'article 301. Dans l'hypothèse inverse, elle doit donc être, sans aucun doute, ramenée à ces limites.

Le droit reconnu à l'époux débiteur de demander la réduction ou la révocation de la pension n'est d'ailleurs pas un droit « attaché à la personne ». Il peut être exercé soit par ses héritiers (⁹), soit par ses créanciers en vertu de l'article 1166 C. civ.

Ainsi le décide la jurisprudence (¹⁰). La pension, dit-

(8) Paris, 21 janvier 1886, S. 1886, II, 129. Caen, 19 mars 1889, S. 1890, II, 209.

(9) Nous traiterons plus longuement de la situation des héritiers dans le chapitre consacré à l'extinction de la pension alimentaire.

(10) Dijon, 18 novembre 1903, S. 1904, II, 132. *Gaz. Pal.*, 1904 (1ᵉʳ sem.), 114. *Gaz. Trib.*, 1904 (1ᵉʳ sem.), II, 99. Cf. tribunal de Boulogne-sur-Mer, 17 novembre 1923. *R. des Som.*, Sirey, 1924, n° 1089.

elle, a le caractère d'une indemnité et donc d'un droit patrimonial. Elle ne peut, dès lors, rentrer dans la classe des droits et actions exclusivement attachés à la personne du débiteur et dont l'article 1166 C. civ. interdit l'exercice aux créanciers.

## Section II. — Fixation conventionnelle de la pension

Si les dispositions de l'article 301 C. civ. étaient d'ordre public, elles seraient intangibles. Les particuliers ne pourraient substituer à la pension limitée au tiers des revenus et toujours révocable, une pension irrévocable et supérieure à ce taux. Mais la jurisprudence refuse de leur reconnaître ce caractère. Les décisions, en cette matière, sont, au reste, assez rares. L'une des première remonte à 1890. La Cour d'Orléans avait reconnu comme subsistant, après le jugement de séparation de corps en divorce, une convention intervenue antérieurement à cette conversion entre le mari et la femme et dont l'effet avait été de réglementer à nouveau la pension alimentaire mise par le jugement de séparation de corps à la charge du mari. Le pourvoi en cassation fut rejeté. « Si le divorce, en rompant les liens du mariage, fait cesser les obligations qui en dérivent, dit la chambre des requêtes, il n'en saurait être de même des engagements légalement pris par les époux, pendant le mariage, dans des circonstances particulières, en dehors des obligations légales qui en résultent et qui, par suite des stipulations qu'ils contiennent et de l'intention des parties, sont destinés à être exécutés, même en cas de rupture de l'union conjugale, pendant la vie de l'une d'elles, quelles que soient, d'ailleurs les causes qui, originairement, aient donné lieu aux accords intervenus.

Il résulte de l'ensemble des constatations de l'arrêt attaqué que l'acte transactionnel du 23 mars 1882, s'il avait pour point de départ la pension alimentaire allouée à la femme par un jugement antérieur, en avait modifié profondément les conditions et le caractère ; il a été dans l'intention commune des parties, sous l'empire des circonstances particulières qui ont amené la transaction, de substituer à la pension proprement dite, réductible ou révocable, suivant les changements qui pouvaient se produire dans la situation des parties, une pension viagère fixe et assurée à la femme V... pendant toute la durée de sa vie. Ce serait violer la loi du contrat que d'admettre qu'une telle obligation a pu s'éteindre par un événement autre que celui qui avait été prévu, voulu et accepté librement par toutes les parties... (11) ».

Une espèce légèrement différente se présenta quelques années plus tard. Deux époux séparés de corps, en prévision de la conversion et trois jours seulement auparavant, s'étaient librement engagés, le mari à servir à sa femme bénéficiaire de la séparation une pension mensuelle de 75 francs, et la femme à n'en jamais demander, quoi qu'il arrive, le relèvement. Cela se passait

(11) Cass. Req., 30 juillet 1889, D. 1890, I, 428.

en 1898. En 1901, la femme apprit que la fortune de son ex-mari s'était considérablement accrue ; elle réclama une pension de 200 francs par mois, prétendant nulle la transaction passée avec son mari. La Cour d'appel, à l'inverse du tribunal, rejeta sa demande, et la Cour de cassation se prononça comme elle (12). « L'engagement que l'un des époux a pris envers l'autre de lui servir une pension alimentaire après le divorce n'a pas sa source dans la loi, d'après les articles 212 et suiv. C. civ., dit-elle, mais dans les causes particulières qui ont déterminé cette convention ; celui des époux auquel une indemnité pouvait être due en vertu de l'article 301 C. civ peut, en conséquence, valablement transiger sur son droit. » « Ce motif, au jugement de l'arrêtiste (13), n'est pas d'une irréprochable clarté. » La cour dit, en effet, « que l'obligation a sa source dans les causes particulières qui ont déterminé la convention. Qu'est-ce que cela signifie ? Toutes les fois qu'une convention est conclue, que ce soit pour régler le chiffre d'une pension alimentaire ou pour toute autre chose, elle a toujours des causes particulières ». Veut-elle insinuer par là que l'obligation qui ne dérive pas de l'article 212 C. civ. cesse d'être d'ordre public ? « Nous ne comprenons pas comment des causes particulières pourraient changer la nature du droit qui fait l'objet de la convention. »

Ces réflexions semblent des plus justes. La jurisprudence continue néanmoins à se prononcer dans le sens

(12) Req., 28 juillet 1903, D. 1904, I, 39. S. 1905, I, 9. *Gaz. Pal.*, 1903 (2ᵉ sem.), 385.
(13) **Naquet, note au Sirey.**

de la validité d'une transaction ([14]). Dès lors qu'il y a
eu un acte transactionnel exclusif de l'article 301 C.
civ., cet acte ne saurait être modifié.

Des modifications — augmentation, réduction ou
même révocation — restent, par contre, possibles, lorsque les parties n'ont pas eu l'intention d'exclure l'article 301 C. civ., mais seulement d'éviter l'intervention
du juge. On doit, en somme, dans chaque hypothèse,
rechercher l'intention des parties.

Les parties peuvent donc substituer une pension conventionnelle à la pension légale de l'article 301.

Il y a plus. On leur a parfois reconnu le droit d'établir une pension, même dans des cas où l'article 301
ne pourrait pas recevoir d'application, la condition
d'innocence, par exemple, n'étant pas remplie. Les parties, au jugement du tribunal de Nice, « ont le droit de
faire telles stipulations et de prendre tels engagements
qu'ils jugent utiles, relativement à leurs intérêts pécuniaires, et ces engagements sont destinés à être exécutés, même après la rupture du lien conjugal, quelles
que soient, du reste, les causes qui ont déterminé les
accords intervenus. Par suite, c'est à bon droit que les
époux M... ont pu, suivant convention verbale du 12
juin 1918, régler à l'amiable toutes les questions relatives à leur divorce ([15]) et convenir que M... payerait et
servirait à sa femme, une pension, sa vie durant, non
réductible et non augmentable de 40 francs par mois,
payable d'avance, cette pension devant cesser en cas de

(14) Trib. de la Seine, 5 juillet 1910. *Gaz. Pal.*, 1910, 2ᵉ sem.),
500.
(15) Prononcé le mois suivant, le 16 juillet 1918, aux torts réciproques des deux époux.

nouveau mariage de la dame M... ([16]). » On ne saurait critiquer cette solution, comme faisant échec au principe de l'immutabilité des conventions matrimoniales. Il est de jurisprudence que les effets d'un jugement de divorce dûment transcrit remontent — entre les époux et quant au règlement de leurs intérêts pécuniaires — au jour de la demande. On peut conclure de ce principe que les époux sont libres, au cours de l'instance en divorce, comme ils le deviennent après, de faire entre eux tels accords qu'il leur plaît, relatifs aux biens de communauté. Ils peuvent donc stipuler le payement d'une pension alimentaire, avec telles modalités qu'ils jugent utiles.

## Section III. — Cumul de l'article 301 et de l'article 1382 du code civil

Un époux bénéficiaire du divorce demande, en même temps qu'une pension alimentaire, des dommages-intérêts. Sa demande est-elle recevable ?

Question épineuse et très discutée. Question complexe aussi, car le préjudice dont l'époux prétend tirer un droit à indemnité peut résulter :

Soit des faits autres que ceux qui motivent sa demande en divorce ;

---

(16) Nice, 7 mars 1922. *Gaz. Pal.,* 1922 (2ᵉ sem.), 82. Cf. Cour d'Aix, 25 janvier 1922. *Gaz. Pal.,* 1922 (1ᵉʳ sem.), 265 (pour les accords concernant la liquidation de la communauté), et la note de M. Planiol au Dalloz, 1905, II, 1. — En sens contraire: Paris, 24 mars 1903, D. 1905, II, 1. Paris, 30 novembre 1923. *Gaz. Trib.,* 1924, II, 146. Req., 6 avril 1903, D. 1903, I, 301. S. 1904, I, 505. Besançon, 13 février 1923. *Gaz. du Palais,* du 17 juillet 1923.

Soit de ces faits ;

Soit de la prononciation même du divorce.


### § 1. *Dommages-intérêts pour faits étrangers à la demande en divorce*


La demande de dommages-intérêts est, dans cette hypothèse, assurément recevable. L'époux demande une indemnité pour des faits préjudiciables distincts de ceux qui servent de base à sa demande en divorce. Il fait valoir deux créances, dont les causes sont différentes. Elles doivent pouvoir, toutes deux, recevoir une sanction judiciaire. La Cour de cassation se prononce formellement en ce sens. « La demande en divorce, à son jugement, n'exclut pas l'application de l'article 1382 C. civ. et ne fait pas obstacle à ce que des dommages-intérêts soient alloués à la partie qui l'a formée lorsque cette partie fait preuve contre l'autre de griefs qui lui ont causé un préjudice distinct de l'objet de cette demande (17). » La demande en dommages-intérêts, formée en l'occurrence par la femme, était basée sur ce fait que le mari, au cours de l'instance en divorce, dans laquelle il avait finalement succombé, lui avait adressé des lettres contenant des allégations injurieuses.

Une indemnité est donc possible dès que la demande repose sur un fait autre que celui servant de base au divorce ou à la séparation.


(17) Cass. civ., 20 février 1912, S. 1912, I, 569. *Gaz. Pal.*, 1912 1er sem.), 337.

## § II. — *Dommages-intérêts pour faits motivant la demande en divorce*

S'en tenir nécessairement et toujours aux limites fixées par l'article 301 C. civ., ne serait-ce pas, dans bien des cas, pour les tribunaux, aboutir à une réelle injustice ? La réparation accordée à l'époux innocent ne serait-elle pas souvent inférieure au préjudice né pour lui des agissements de l'époux coupable ?

Pendant longtemps, la question ne fut pas posée avec autant d'acuité que de nos jours. On avait, certes, le sentiment de la justice, mais on considérait le mariage comme un contrat tout différent des autres et ne comportant pas les mêmes sanctions.

C'est en matière d'adultère, qu'on se demanda, semble-t-il, pour la première fois, si les dispositions de l'article 301 C. civ. étaient exclusives des règles du droit commun ou pouvaient, au contraire, se cumuler avec elles. On admit que l'époux innocent, non content de demander une pension alimentaire, pouvait réclamer aussi des dommages-intérêts au complice de son époux [18], et même à son époux [19]. On se trouvait alors dans cette période, de 1816 à 1884, où seule la séparation de corps fut maintenue. Depuis le rétablissement du divorce, la même solution a été reprise.

Le tribunal de Dijon [20] a, par exemple, alloué au

[18] Poitiers, 4 février 1837, S. 1837, II, 374.
[19] Toulouse, 29 juin 1864, S. 1864, II, 155.
[20] Dijon, 23 décembre 1908. *Gaz. Trib.*, 1909 (1er sem.), II, 324. Cf. Cour de Douai, 4 mai 1887. *Gaz. Pal.*, 1887 (2e sem.), 22.

mari trompé une indemnité de cinq francs à percevoir sur le complice de sa femme. La somme n'était pas très élevée, même pour l'époque, et peut-être dira-t-on que « ce n'est pas estimer très haut l'inconvénient d'une pareille situation ». Assurément. « Mais comme dans la pratique des tribunaux, — la remarque est de M. Ripert, (21) — l'amende prononcée contre le conjoint poursuivi pour adultère est, en général, fixée au minimum légal de 16 francs, les juges n'ont pas cru pouvoir allouer une très grosse indemnité. »

Le tribunal correctionnel d'Orléans (22) a, par ailleurs, condamné une femme coupable d'adultère à des dommages-intérêts envers son mari, et il semble logique de traiter de même l'époux coupable et son complice.

Il ne faudrait pas cependant qu'on puisse dire que le mari tire profit de l'inconduite de sa femme. Les juges d'Orléans avaient voulu écarter la possibilité d'une telle remarque. Ils n'avaient pour cela alloué qu'une simple indemnité de cinquante francs et l'avaient justifiée par les renvois de l'affaire, qui avaient nécessité plusieurs déplacements du mari. Leurs scrupules n'étaient pas dénués de tout fondement. D'autres les avaient manifestés avant eux et de façon plus notoire. D'autres, par la suite, les ont encore ressentis. Avant les juges d'Orléans, les conseillers de Caen avaient refusé d'allouer à un mari — bénéficiaire du divorce à cause de l'adultère de sa femme — une indemnité à titre de dommages-intérêts. A leur avis, en ce cas, le

<hr>

(21) Revue critique, 1911, p. 152.
(22) Orléans, 31 mars 1911, *Gaz. Pal.*, 1911 (2ᵉ sem.), 55.

mari n'est « atteint directement, ni dans sa personne,
ni dans ses biens ; il l'est seulement dans son honneur
d'époux, et l'on s'expliquerait mal qu'il pût se dédommager avec de l'argent ; l'on comprendrait difficile-
ment que pour avoir manqué au devoir de fidélité conjugale, sa femme fût condamnée à lui payer une véritable amende dont elle se trouverait frappée comme réparation de sa faute ». [23]

Ces raisons, excellentes peut-être en psychologie, sont
juridiquement faibles. Elles conduiraient à dire que
« le préjudice moral est en dehors de la sphère d'action du droit et de la justice et qu'il ne donne jamais
lieu à indemnité [24] », conséquences tellement inadmissibles que pour justifier son arrêt, la Cour de Caen
crut devoir remarquer qu'il n'y avait pas eu d'adultère
« judiciairement constaté ». Elle se fût donc peut-être
prononcée en sens contraire, s'il y avait eu constatation judiciaire de l'adultère.

La tendance à sous-estimer le préjudice moral, est
cependant bien établie en jurisprudence, en notre matière tout au moins. Si l'on affirme catégoriquement
les principes, si l'on dit l'article 1382 C. civ. applicable
dès lors qu'il y a un fait illicite, un préjudice et un
rapport de cause à effet entre les deux, on fait aussi
des distinctions que le principe ne laisse pas supposer.
« La séparation de corps (transformée en divorce) prononcée aux torts et griefs de la dame Z..., peut-on lire
ainsi dans un jugement du tribunal de Nice [25], a été

(23) Cour de Caen, 28 février 1908, D. 1908, II, 297.
(24) De Loynes, note au Dalloz, 1908, II, 299, 2ᵉ colonne, dernier
alinéa.
(25) Nice, 27 mars 1922. *Gaz. Pal.*, 1922 (2ᵉ sem.), 281.

motivée... par un fait d'adultère judiciairement constaté ; l'on rencontre donc bien dans l'espèce le fait
illicite, mais X... ne peut établir qu'il ait été atteint dans
sa personne ou dans ses biens et qu'il en soit résulté
pour lui un préjudice matériel ; sa fortune, son crédit,
même sa considération, sont restés intacts ; il a souffert uniquement dans sa dignité d'époux, et le préjudice éprouvé par lui est donc purement moral ; sans
doute, ce préjudice, même en l'absence de toute perte
matérielle, est suffisant à lui seul pour donner lieu à
réparation, bien qu'il paraisse difficile d'admettre en pa-
reil cas un dédommagement pécuniaire... » Ce doit être,
en effet, bien difficile, puisque pour toute réparation, le
tribunal de Nice alloua au mari trompé les dépens de
l'instance.

De même que l'adultère, l'abstention du devoir conjugal peut rendre passible de dommages-intérêts. La
première décision rendue à ce sujet est restée célèbre.
C'est un arrêt de la Cour de Montpellier [26]. Cette cour
estima que si le fait par le mari de n'avoir eu avec sa
femme, après plusieurs mois de mariage, aucun rapprochement sexuel présente tout d'abord les caractères
d'une injure grave de nature à entraîner le divorce, il
peut, en outre, constituer un quasi délit et motiver une
condamnation à des dommages-intérêts pour la réparation du préjudice matériel et moral qu'a éprouvé la
femme. Aucune peine, il est vrai, n'est édictée contre
l'abstention du devoir conjugal. Il serait cependant
faux de prétendre que ce devoir ne comporte aucune

(26) Montpellier, 29 novembre 1897. D. 1899, II, 15. S. 1901, II, 137.

sanction de la loi positive et reste dans le domaine du droit naturel. Un fait qui ne constitue pas un délit pénal peut parfaitement constituer un délit civil et donner droit à réparation. La Cour de Toulouse (27) eut, elle aussi, l'occasion d'appliquer ces principes à une femme, dont l'attitude envers son mari avait été déplorable et qui refusait de se soumettre aux obligations du mariage. Le mari réclamait à la fois une pension alimentaire et des dommages-intérêts. Si la cour ne fit pas droit à ses deux demandes, ce n'est pas qu'il y eût à cela quelque obstacle juridique, mais « en état de gagner sa vie et dans la force de l'âge », le mari ne remplissait pas les conditions requises pour toucher une pension. Elle lui alloua simplement des dommages-intérêts, et ce, sans difficulté, car on soutiendrait vainement, « qu'en prononçant le divorce le juge n'est pas autorisé à condamner l'époux qui succombe et dont les torts sont démontrés, à payer une indemnité à son conjoint. Si cela est vrai, en principe, en ce sens que les griefs conjugaux survenus pendant le mariage ne sont pas matière à dommage et ne peuvent avoir d'autre sanction que la sanction morale du divorce, il faut reconnaître néanmoins que le principe de l'article 1382 C. civ. peut recevoir son application toutes les fois qu'un dommage certain et direct a été causé à son conjoint par l'époux contre lequel le divorce est prononcé... »

Ces décisions ne sauraient être critiquées, les époux ne doivent pas pouvoir se jouer impunément du lien

(27) Toulouse, 12 mai 1903. D. 1904, II, 186. S. 1903, II, 240.

conjugal volóntairement accepté- devant l'officier de l'état civil.

L'adultère et l'abstention du devoir conjugal sont les causes les plus fréquentes et les plus graves de demandes en dommages-intérêts. Ce ne sont pas les seules. Un examen de la jurisprudence oblige à en signaler plusieurs autres.

Donne lieu, par exemple, à dommages-intérêts, le fait par le mari de n'avoir épousé sa femme que pour s'approprier une partie de son avoir [28], pour s'emparer de ses titres... [29].

De même, le fait par le mari d'abandonner le domicile conjugal, de se refuser à reprendre la vie commune, d'afficher ouvertement sa liaison avec sa maîtresse [30]. « Ayant souffert dans son amour et dans sa dignité, dit à cette occasion le tribunal, Mme B... a vu sa santé ébranlée dans cette lutte pour reconquérir son mari ; elle se voit, à cinquante ans, rejetée d'un foyer sur lequel elle était en droit de compter et privée d'une brillante situation matérielle qu'elle a contribué à établir; elle est bien fondée à demander à son mari réparation du préjudice qui lui est ainsi causé. »

Permettent l'allocation de dommages-intérêts, des allégations fausses et préjudiciables, atteignant la femme dans sa dignité d'épouse et dans ses sentiments maternels [31], des violences, exercées sur le conjoint

---

(28) Trib. du Havre, 5 janvier 1924. *Gaz. Pal.*, 1924, (1er sem.), 500.
(29) Cour de Lyon, 22 mai 1907. S. 1907, II, 176.
(30) Trib. du Rhône, 1er décembre 1926. *D. Heb.*, 1927, p. 147. S. 1927, II, 20. *Gaz. Pal.*, 1927 (1er sem.), 555.
(31) Cass. Req., 2 juillet 1913. *Gaz. Pal.*, 1913 (2me sem.), 284.

par son conjoint (³²), des accusations calomnieuses, et notamment le fait par le mari d'accuser sa femme d'avoir eu des relations immorales avec lui en dehors du mariage et d'avoir simulé une grossesse pour obtenir, à l'aide de ce subterfuge et d'une pression morale, un mariage avec lui. Cette dernière décision, rendue par le tribunal de Bordeaux, est intéressante. Dans son jugement, le tribunal se livrait à quelques considérations générales sur la matière. « Le principe général de l'article 1382 C. civ., lit-on dans les « attendus », pourra recevoir application toutes les fois qu'un dommage certain et direct a été causé par l'époux contre lequel le divorce ou la séparation ont été prononcés. Il est bien évident, par exemple, qu'un époux mutilé et rendu impotent par les violences d'un conjoint aurait le droit de demander, en même temps que le divorce ou la séparation de corps, des dommages-intérêts basés sur l'application de l'article 1382, ou bien encore, que l'époux abandonné sans motif, le jour même du mariage et à la sortie de la mairie, aurait le droit de réclamer, en même temps que la rupture ou le relâchement du lien conjugal, la restitution, à titre de dommages-intérêts et en vertu de l'article 1382 C. civ., des dépenses par lui faites à l'occasion de ce mariage... » Par contre, il n'y a pas lieu de retenir du point de vue de l'article 1382,

(32) Cass. civ., 21 juin 1927. D. Hebd., 1927, p. 399. S. 1927, I, 299. *Gaz. Pal.*, 1927 (2ᵐᵉ sem.), 343. (La Chambre des Req., 3 janvier 1893. S. 1893, I, 225, avait jugé que la communication d'une maladie vénérienne par un des conjoints à l'autre, était réparée par l'allocation d'une pension. Elle ne dirait, très vraisemblablement, pas la même chose aujourd'hui.)

(33) Cass. Req., 13 mai 1924. *Gaz. Trib.* 1924, I, 156. D. Hebd., 1924, p. 389, rejetait un pourvoi formé contre un arrêt de Rennes rapporté au D. Hebd., 1924, p. 18.

« les scènes de ménages et les outrages que révèlent...
les correspondances communiquées et qui ne comportent que la sanction morale du divorce ou de la séparation de corps... ». Les efforts faits par le tribunal, en 1912 (34), pour déterminer comment l'indemnité de l'article 1382 C. civ. pouvait se concilier avec la pension de l'article 301, étaient dignes d'intérêt, mais depuis, les événements ont marché. La jurisprudence sanctionne les scènes de ménage, si du moins elles ont été violentes (35), elle accorde des dommages-intérêts si des lettres contiennent des allégations injurieuses (36). Elle montre donc une tendance très nette à élargir le champ de la responsabilité.

On cite parfois, comme rendu dans un sens tout opposé, un arrêt de la Cour d'Angers (37), aux termes duquel, à supposer que l'époux bénéficiaire du divorce, puisse avoir contre son conjoint, en dehors des sanctions établies par les articles 299 et 301 C. civ., une action en dommages-intérêts, cette action ne saurait avoir pour objet la répétition des dépenses exposées par lui, en vue du mariage. La cour décidait, en outre, que le prix de bijoux donnés à la femme, avant et en considération du mariage, ne peut être répété contre elle lorsqu'elle a succombé dans l'instance en divorce. La contradiction relevée entre cette décision et les précédentes est, toutefois, beaucoup plus apparente que réelle. Le mariage, en effet, avait été célébré, il avait duré un certain temps, les frais qu'il avait occasionnés

---

(34) **Bordeaux, 3 janvier 1912.** *Gaz. Pal.*, 1912 (1er sem.), 406.
(35) **Cass. civ., 21 juin 1927, précité.**
(36) **Cass., 20 février 1912. S. 1912. I, 571.**
(37) Angers, 25 janvier 1905. D. 1907, II, 372. S. 1906, II, 49.

n'avait pas été faits en pure perte et sans cause ; il n'eût pas été juste de les faire entrer en ligne de compte pour calculer l'indemnité due au conjoint. S'il en est autrement lorsque le remboursement des frais est demandé à la suite d'une rupture de promesse de mariage, c'est qu'alors le mariage n'ayant même pas été célébré, ces dépenses ont été tout à fait inutiles. Dans cette affaire, de plus, le mari demandait la restitution des cadeaux reçus par la femme, mais ils avaient été donnés par ses père et mère et non par lui, cela suffisait à faire repousser sa demande.

D'après la jurisprudence, l'époux bénéficiaire du divorce peut donc demander des dommages-intérêts pour le préjudice né pour lui des faits mêmes qui motivent sa demande en divorce, que ce préjudice soit matériel ou moral, sauf à se voir allouer parfois, dans ce second cas, une indemnité très modique.

Quelques règles spéciales régissent cette indemnité supplémentaire :

1° Règle concernant le délai dans lequel la demande en doit être formée. L'époux qui ne fait pas état des faits justifiant sa demande en dommages-intérêts au moment de l'instance en divorce ou qui, tout au moins, ne fait aucune réserve à leur sujet, se rend irrecevable à les invoquer par la suite [38].

2° Règle relative au montant de l'indemnité. La limitation édictée par l'article 301 C. civ. n'est applicable qu'à la pension alimentaire. L'indemnité allouée en vertu de l'article 1382 peut donc être supérieure au tiers

---

[38] Trib. de Nice, 11 janvier 1922. *Gaz. Trib.*, 1922, II, 60.

des revenus de l'époux débiteur ([39]). Elle peut être accordée soit sous la forme d'un capital, soit sous la forme d'une rente. Dans certaines hypothèses, c'est, pour ainsi dire, une simple indemnité négative, permettant seulement à l'époux qui l'obtient de ne pas être en perte, tel le cas où on lui alloue tous les dépens, mis à la charge de son adversaire ([40]). Parfois, les tribunaux se montrent même encore moins généreux. Ils permettent seulement à l'époux innocent de faire payer par son conjoint les droits d'enregistrement perçus ou à percevoir sur les actes produits au cours de l'instance ([41]), mais ils peuvent aussi — et ils le font souvent — accorder à l'époux demandeur une indemnité en numéraire.

3° Règle relative à la recevabilité de la demande. L'époux demandeur en dommages-intérêts n'a pas à démontrer, pour les obtenir, qu'il est hors d'état d'assurer par lui-même sa subsistance. La Cour de Montpellier n'avait pas été de cet avis. Prononçant le divorce au profit exclusif d'une femme, elle avait refusé de faire droit à sa demande d'indemnité, basée sur les violences dont elle avait été l'objet durant le mariage. Son arrêt fut cassé, comme n'ayant pas « légalement justifié sa décision ([42]) ».

L'obligation pour l'époux coupable de réparer le préjudice causé à son conjoint est une obligation civile. La Cour de Bordeaux avait jadis jugé qu'il y avait, au contraire, simple obligation naturelle. Il est évident,

(39) Req., 13 mai 1924. *Gaz. Trib.*, 1924, I, 156.
(40) Trib. de Nice, 27 mars 1922. *Gaz. Pal.*, 1922 (2me sem.), 281.
(41) Cass. Req., 2 juillet 1913. *Gaz. Pal.*, 1913 (2me sem.), 284.
(42) Cass. civ., 21 juin 1927. *Gaz. Pal.*, 1927 (2me sem.), 343.

avait-elle dit, « que l'époux aux torts duquel le divorce a été prononcé est tenu, par un devoir de conscience et de délicatesse, de réparer le préjudice qu'il a causé à son conjoint, en le plaçant dans la nécessité de faire briser le lien conjugal (43) ».

Cette solution était excellente pour l'époque, elle permettait d'obtenir des résultats cherchés. A l'heure actuelle, on devrait la considérer comme insuffisante.

## § III. — *Dommages-intérêts pour préjudice né du divorce lui-même*

Le divorce est évidemment préjudiciable à l'époux coupable. Il peut l'être aussi à l'époux innocent. La loi prévoit seulement la disparition du devoir de secours et s'efforce, dans l'article 301 C. civ., de pallier aux inconvénients de cette disparition. En présence de ce texte, la question est née de savoir si l'application du droit commun de l'article 1382 C. civ. était possible pour préjudice né de la prononciation du divorce, ou bien si l'application de cet article rendait inapplicable toute autre disposition légale.

La distinction du dommage causé par les faits qui ont motivé la demande en divorce et du préjudice né du divorce lui-même est, d'ailleurs, parfois assez délicate. Dans l'espèce jugée par le tribunal du Havre et déjà mentionnée (44), le divorce avait été prononcé contre le mari, motif pris de ce qu'il exerçait sur sa femme des

---

(43) Bordeaux, 16 juin 1896. S. 1897, II, 275.
(44) Trib. civil du Havre, 5 janvier 1924. *Gaz. Pal.*, 1924 (1er sem.), 500 (cf. p. 61).

violences, lui portait des coups, et l'avait épousée dans
l'unique but de s'approprier une partie de son avoir.
Des dommages-intérêts à fixer « par état » furent accordés à la femme. Dans une certaine mesure, ils étaient
peut-être destinés à réparer le préjudice causé à la
femme par la prononciation du divorce. Le mari avait
voulu s'approprier une partie de ses biens, c'était une
injure et donc une cause de divorce, mais cette appro-
priation allait naître de la dissolution de la communauté consécutive au divorce ; elle allait devenir un
effet du divorce. Le même fait, selon qu'on l'envisage
sous un angle ou sous un autre, peut, en définitive, ap-
paraître, dans certaines hypothèses, tantôt comme une
cause et tantôt comme un effet.

La possibilité d'allouer des dommages-intérêts pour
le préjudice causé par le divorce lui-même a été quel-
quefois affirmée. Elle le fut par le tribunal civil du
Rhône (45). Un sieur B... avait, après neuf ans de mariage, abandonné sa femme, à laquelle il n'avait rien
à reprocher, pour vivre avec une maîtresse. Le tribunal
remarqua que cet abandon injustifié constituait à sa
charge une faute lourde, grandement préjudiciable à la
dame B... Elle avait, en effet, dit-il, « lors de son mariage, une situation modeste, sa situation pécuniaire
et les moyens d'existence sur lesquels elle était en droit
de compter vont être notablement diminués du fait du
divorce. Il lui sera plus difficile, en raison de son âge,
de sa situation de femme divorcée et de la charge de
l'enfant qui lui est confié, soit de se remarier, soit de

(45) Trib. du Rhône, 21 décembre 1926. D. 1928, II, 12.

se faire une nouvelle situation, elle a également souffert un préjudice moral, il n'est pas admissible qu'un mari puisse abandonner brusquement sa femme, sans motifs, après de longues années de vie commune et dans des conditions particulièrement blessantes pour vivre avec une femme mariée de son côté », et il condamna B... à payer à sa femme une somme de 5.000 francs à titre de dommages-intérêts.

En règle générale, cependant, la jurisprudence se refuse à allouer des dommages-intérêts pour le préjudice résultant du divorce. « La situation résultant du divorce pour l'époux qui l'a obtenu a été réglée par les articles 300 et 301 C. civ... Le législateur, en énonçant d'une façon aussi précise les droits pécuniaires que l'époux ayant obtenu le divorce peut faire valoir contre son ancien conjoint semble bien avoir voulu limiter toute réclamation du premier contre le second à raison du divorce (46). » « Nul ne pourra donc baser une condamnation pécuniaire en dehors des articles 212 et 301 C. civ. sur le préjudice résultant uniquement pour lui de la séparation de corps ou du divorce prononcé contre son conjoint (47). »

« Indépendamment de la pension alimentaire visée par l'article 301 C. civ., dit de même la Cour de cassation (48), l'époux au profit duquel le divorce est prononcé peut obtenir des dommages et intérêts par appli-

---

(46) Trib. de Châlons-sur-Marne, 14 avril 1905. S. 1906, II, 52.
(47) Trib. de Bordeaux, 3 janvier 1912. *Gaz. Pal.*, 1912, 1ᵉʳ sem., 406.
(48) Cass. civ., 21 juin 1927, S. 1927, I, 300, D. 1928, I, 5 (avec note de M. Ripert). Cf. Cass. Req., 2 juillet 1913. *Gaz. Pal.*, 1913, 2ᵉ sem., 284.

cation de l'article 1382 C. civ. et dans les conditions du droit commun, s'il résulte des faits qui ont motivé le divorce un préjudice matériel ou moral distinct de celui qui découle de la rupture du lien conjugal et que l'allocation des aliments sus-indiquée a pour but de réparer. »

D'après la Cour suprême, la pension alimentaire de l'art. 301 doit donc réparer et peut seule réparer le préjudice qui découle de la rupture du lien conjugal. Elle se rallie à la théorie émise, il y a déjà longtemps, par M. de Loynes, pour qui, « pour résoudre la question de réparation du préjudice éprouvé par l'époux au profit duquel le divorce... est prononcé, il y a eu lieu de tenir compte de l'origine du préjudice. S'il est la conséquence du jugement de divorce..., l'époux innocent n'a droit qu'à une pension alimentaire dans les termes de l'arti-301. Si, au contraire, le préjudice est la conséquence des faits qui ont motivé le divorce..., il y a lieu à indemnité en vertu de l'article 1382 C. civ., et le montant en sera souverainement arbitré par le juge... [49] ».

Nous aurons, plus tard, à apprécier cette doctrine et cette jurisprudence.

### Section IV. — L'imputation de la pension alimentaire

Dans le titre du divorce, l'article 301 n'est pas le seul à traiter d'aliments. Les articles 238 et 240 ont le même

[49] Note au Dalloz, 1908, II, 300 *in fine.*

objet. Leur champ d'application n'est cependant pas le même.

Les articles 238 et 240 supposent que l'un des époux sollicite — soit du président du tribunal, lors de la tentative de conciliation, soit du tribunal tout entier, au cours de l'instance — une provision alimentaire. Ils se rattachent à l'article 212 C. civ. et ont pour fondement le devoir de secours qui persiste entre conjoints jusqu'au jour du prononcé du divorce.

L'article 301, par contre, suppose que, lors du jugement de divorce, une pension alimentaire est allouée à l'époux innocent. Cette pension ne semble pouvoir se rattacher au devoir de secours, puisque celui-ci disparaît quand cesse la vie conjugale. D'après la jurisprudence, elle naîtrait de la faute de l'époux coupable et tendrait à en réparer les conséquences dommageables.

Les bases des articles 238 et 240 C. civ., d'une part, 301 de l'autre, sont donc fort différentes. Leurs conséquences le sont aussi, en matière d'imputation surtout. Parler d'imputation, c'est se demander qui doit, en définitive, supporter le payement des aliments, l'époux qui les a servis, ou celui qui les a reçus et auquel, en fin de compte, on n'aurait fait qu'une simple avance sur sa part ?

D'après la jurisprudence, la femme doit le rapport de la provision alimentaire touchée par elle durant le procès, lorsqu'elle trouve dans la liquidation de la communauté un émolument égal ou supérieur aux sommes qui lui ont été versées (50). On l'a justement fait obser-

---

(50) Cass., 22 juillet 1889. S. 1893, I, 405. D. 1890, I, 421.

ver [51]. « La femme demanderesse en séparation de corps — (nous ajoutons: ou en divorce, puisque les mesures alimentaires prises au cours de l'instance se rattachent à l'article 212 C. civ.) — doit, avant tout, vivre sur ses ressources personnelles, et l'obligation pour le mari de subvenir à ses besoins n'est que subsidiaire et subordonnée à l'insuffisance de ces ressources. De là des conséquences essentielles. Cette obligation alimentaire pèse sur le mari d'une façon définitive, si la femme n'a aucune ressource. Elle ne le grève aucunement, pas même de façon provisoire, si la femme a des ressources suffisantes. Enfin, dans l'hypothèse intermédiaire, où la femme, sans avoir de ressources actuelles, a des ressources éventuelles, comme celles que lui procurera son émolument dans la communauté, l'obligation alimentaire ne pèse sur le mari que provisoirement, à titre d'avance remboursable le jour où, par la liquidation de la communauté, ces ressources se trouveront advenir à la femme. Dans ce cas, la femme devra le remboursement de cette avance, au moyen d'une retenue sur la part lui advenant, et ce, soit en totalité, si cet émolument suffit, soit en partie dans le cas contraire. »

L'imputation, toutefois, ne doit pas se faire sur les capitaux, mais seulement sur les revenus, car d'une part, « c'est seulement des revenus qu'il faut faire état en matière d'obligation alimentaire et, d'autre part, la rétroactivité du divorce et de la séparation ne saurait anéantir dans le passé le devoir de secours de l'arti-

(51) Note au Dalloz, 1890, I, 421.

cle 212 C. civ. L'excédent de la pension sur les revenus, s'il y en a un, reste donc à la charge de l'époux qui devait la pension (52) ».

Il est certain, au contraire, que la pension alimentaire de l'article 301 C. civ., payée après la liquidation de la communauté, le sera, définitivement et pour le tout, par l'époux débiteur. On doit admettre de même que, servie dans le laps de temps qui s'écoule entre la prononciation du divorce et la liquidation de la communauté, elle ne saurait être précomptée, au moment de cette liquidation, sur la part du conjoint créancier. Cette pension, de l'avis de la Cour de cassation (53), a sa cause dans une faute de l'époux coupable, elle « constitue, à sa charge, une dette personnelle dont l'acquittement ne saurait être considéré comme une avance imputable sur ce qui doit revenir, d'après la liquidation, à l'époux qui l'aura obtenue ».

L'arrêt de la Cour de cassation, rendu dans une affaire assez complexe, est intéressant. Il décide, contrairement au principe général, que parfois la femme n'a pas à subir l'imputation, même pour les sommes qui lui ont été versées en cours d'instance. Ceci demande quelques explications. Un jugement prononçant le divorce entre deux époux au profit de la femme avait condamné le mari à payer une pension alimentaire. Cette pension, d'après la volonté clairement manifestée du tribunal, devait être considérée comme due par le

(52) M. Nast, note au Dalloz, 1926, I, 149.
    Cf. Cass. 7 janvier 1890. D. 1891, I, 256. S. 1893, I, 405.
      Cass., 6 juin 1905. D. 1906, I, 76. S. 1906, I, 87.
(53) Cass. req., 15 décembre 1909. D. 1911, I, 25. S. 1912, I, 313.

mari à compter du jour de la demande et non de la dissolution du mariage et devait prendre fin à l'issue de la liquidation du régime matrimonial. En d'autres termes, le tribunal disait l'article 301 C. civ. applicable même pendant l'instance. La Cour d'appel d'abord, la Cour de cassation ensuite, ne l'en ont pas blâmé, et des jurisconsultes de valeur ont approuvé ces décisions. D'après De Loynes, « rien ne s'oppose à ce que la pension alimentaire, à raison de la rétroactivité écrite dans l'alinéa 5 de l'article 252 C. civ., ait pour point de départ la demande en divorce. Rien ne s'oppose à ce que,pour le moment, le juge lui assigne pour terme la liquidation des droits respectifs des époux». En effet, c'est seulement « lorsque la liquidation sera terminée » que « le juge aura en mains tous les renseignements nécessaires pour décider si la femme qui a obtenu le divorce a ou non des ressources suffisantes pour assurer sa subsistance. Cet acte lui est indispensable pour statuer en connaissance de cause et dire s'il y a lieu ou non d'appliquer pour l'avenir l'article 301 C. civ. (54) ».

M. Gaudemet, de son côté, trouve le raisonnement de la Cour de cassation inattaquable. « De la transcription à l'issue de la liquidation, la dissolution est définitivement réalisée (55). L'article 212 C. civ. ne peut donc plus être invoqué, et le caractère indemnitaire de la pension due pour cette période apparaît nécessairement. La même nature doit lui être reconnue, dans l'espèce de notre arrêt, depuis l'origine, c'est-à-dire depuis le jour de la demande ; car l'obligation imposée par le

(54) Note au Dalloz, 1911, I, 26 (avant-dernier alinéa).
(55) Note au Sirey, 1912, I, 314.

jugement au mari depuis la demande jusqu'à l'issue de la liquidation ne saurait changer de caractère par l'effet de la transcription et cesser alors d'être l'obligation de secours pour devenir l'obligation de réparation. »

Les juges peuvent donc déclarer l'article 301 C. civ. applicable même pendant l'instance, mais s'ils ne disent rien, on appliquera les articles 238 et 240 C. civ. jusqu'au jour de la dissolution du mariage, et l'article 301 seulement à compter de cette dissolution.

La femme, contre laquelle le divorce est prononcé, ne peut invoquer les dispositions de l'article 301 C. civ. Une pension alimentaire peut cependant lui être allouée pendant la liquidation de la communauté, à raison de son dénûment absolu. Elle constitue alors irrémédiablement et pour le tout une simple avance. Elle doit être imputée sur le revenu des reprises de la femme d'abord, sur sa part de communauté ensuite, et au besoin, en cas d'insuffisance, sur le capital de ses reprises [56].

Cette pension — la remarque est de M. Nast [57] — n'est justifiée ni par l'article 212, ni par l'article 301 C. civ., elle ne peut «être fondée que sur la qualité de copartageante de la femme et sur sa qualité de créancière du mari à raison de la reprise de ses propres. Il était certain qu'il devait lui revenir, après la liquidation, des biens propres et une part dans la communauté, il eût été inadmissible autant qu'injuste de l'obliger à mourir de faim ou à emprunter ».

---

[56] Req., 9 décembre 1925. D. 1926, I, 149. *Gaz. Trib.*, 1926, I, 31. *Gaz. Pal.*, 1926 (1er sem.), 258.
[57] Note au Dalloz, 1926, I, 150.

« Des observations qui précèdent — nous citons toujours M. Nast — il résulte une conclusion d'ordre général. Etant donné que les pensions attribuées par un
jugement de divorce ou de séparation de corps peuvent avoir des sources diverses, des caractères varia-
bles, et, par conséquent, des effets différents suivant
qu'elles sont fondées sur l'article 212 ou sur l'article 301 C. civ., ou sur le droit pour les époux communs
en biens, d'obtenir une avance sur leurs reprises ou sur
leur part de communauté, il est utile, voire nécessaire,
que le tribunal indique avec précision le motif pour
lequel la pension est allouée. »

# CHAPITRE III

______

## Les garanties de la pension alimentaire

______

La pension alimentaire de l'article 301 C. civ. est accordée à l'époux bénéficiaire du divorce par un jugement. Tout jugement de condamnation emporte hypothèque judiciaire. L'époux créancier de la pension jouit donc de cette garantie. Cette hypothèque prend rang à la date de son inscription. Elle est susceptible de renonciation, puisque le créancier pourrait même renoncer à faire exécuter le jugement.

L'époux titulaire de la pension pourrait, de même, stipuler de son ex-conjoint une garantie conventionnelle. Aucune difficulté théorique ne l'en empêche. La constitution d'une telle sûreté se voit cependant très rarement dans la pratique. L'époux condamné n'est pas disposé à faire une gracieuseté à son ancien conjoint, et le tribunal n'a pas, selon l'opinion la plus probable, le pouvoir de l'ordonner. Ces points ne font aucun doute, mais des difficultés s'élèvent en ce qui concerne ;

1° L'hypothèque légale, son existence, son rang, et les opérations juridiques dont elle peut être l'objet ;

2° L'application de la loi du 7 février 1924, sur l'abandon de famille, au cas de non-payement de la pension après divorce :

3° La saisie par la femme, pour le payement de sa créance alimentaire, de la pension de retraite, civile ou militaire, de son mari ; de son traitement ou de son salaire.

## SECTION I. — Pension alimentaire après divorce et hypothèque légale

### § I. — *L'existence de l'hypothèque légale*

C'était un grand sujet de controverses, il y a quelques années, que de savoir si l'hypothèque légale garantit le payement de la pension alimentaire due à la femme séparée de corps en vertu de l'article 212 C. civ.

Certains ne pouvaient admettre l'existence de cette hypothèque. Leurs raisons sont très bien rapportées dans un arrêt de la Cour de Besançon. Seuls « les droits exceptionnels conférés au mari sur le patrimoine de la femme sont la cause de la garantie exceptionnelle accordée à la femme sur les biens du mari ; d'où il suit que les créances qui ont un objet autre que le patrimoine de la femme ne sont pas garanties par l'hypothèque légale qui n'a plus sa raison d'être... L'obligation alimentaire entre époux pendant le mariage est

indéterminée, elle s'acquitte en nature et dans une mesure dont le mari est seul juge ; au contraire, elle est
transformée par le jugement de séparation de corps en
une dette payable en argent et dans une proportion
fixée par le tribunal ; en outre, elle est réciproque, et
quand elle est invoquée au profit du mari, elle a la
même source et doit avoir la même sanction qu'au profit de la femme ; d'où cette conséquence nécessaire, que,
pas plus pour la femme que pour le mari, la pension
alimentaire n'est munie de l'hypothèque légale ».

L'intérêt général, enfin, « s'oppose à l'extension in-
définie d'une garantie qui doit justement être limitée
pour ne pas léser les tiers de bonne foi ; c'est pour cela
que l'article 2135 ne donne rang aux diverses catégo-
ries d'hypothèques légales qu'à compter du jour où le
droit de la femme est devenu certain et a pu être connu
des tiers ; c'est dans le même esprit que la loi du
10 juillet 1850, complétant l'article 76 C. civ., exige
que, dans l'acte de mariage, les époux déclarent s'ils
ont fait un contrat de mariage..., toutes ces précautions
seraient déjouées, si le cas fortuit de la séparation de
corps , ingénieusement combiné avec l'hypothèque
légale, permettait de prélever sur le gage des créanciers du mari un capital suffisant pour assurer le service des arrérages d'une pension au profit de la femme
pendant sa vie entière (1) ».

Les partisans de l'existence de l'hypothèque ne trou-
vaient pas ces arguments péremptoires. L'article 2121
C. civ., remarquaient-ils, est « conçu dans les termes

(1) Cour de Besançon, 21 déc. 1894. D. 1895, II, 230. S. 1895, II, 28.
Cf. Trib. de Lyon, 8 mai 1901. D. 1902, II, 351.

les plus généraux. Il confère à la femme une hypothèque sur les biens de son mari pour tous ses droits et
créances (²) ». Cette formule ne comporte pas de distinctions, elle s'applique également aux droits que la
femme possède à raison de l'administration mari-
tale et à ceux qui dérivent de sa qualité de femme
mariée. Quant à l'article 2135 C. civ., il doit être rejeté
du débat ; son but n'est pas de déterminer les créances
garanties par l'hypothèque, il se réfère exclusivement
aux effets et au rang de l'hypothèque légale. Ei la différence de traitement entre le mari et la femme, le premier ne jouissant pas et la seconde jouissant de l'hypothèque légale, est une conséquence logique de la situation prépondérante du mari dans la société conjugale.
On doit donc reconnaître l'existence de l'hypothèque
légale (³). La Cour de cassation adopta cette manière de
voir (⁴).

L'existence de l'hypothèque légale, en matière de
pension alimentaire, soulève des controverses encore
plus graves, quand la pension est allouée, non plus en
vertu de l'article 212 C. civ., mais en vertu de l'article 301. Dans cette hypothèse, en effet, la pension est
due, non plus à une femme mariée, mais à une femme
divorcée. Elle est accordée, « d'après une jurisprudence
constante, à titre de dommages-intérêts ». Elle ne cons-

(2) Trib. de Soissons, 19 juin 1901. D. 1902, II, 352.
(3) Cour de Douai, 16 mai 1895. D. 1898, II, 106.
    Cf. Cour de Dijon, 16 juin 1893. D. 1894, II, 25.
      Cour d'Angers, 9 juillet 1896. S. 1898, II, 68.
      Cour de Bordeaux, 24 décembre 1912. D. 1913, II, 150.
(4) Cass., 25 juillet 1895. D. 1897, I, 553. S. 1895, I, 348.
    Cf. Cass., 12 décembre 1921. D. 1922, I, 153. S. 1923, I, 354 (so-
lution implicite),

titue pas une créance antérieure à la dissolution du
mariage et ne peut pas, semble-t-il, être « assortie du
bénéfice de l'hypothèque légale indéterminée profitant
à la femme (5) ».

La jurisprudence tend cependant, de plus en plus, à
admettre, même ici, l'hypothèque légale.

Elle invoque, pour justifier ses décisions, des motifs très
divers. Elle se borne parfois à dire que l'article 2121 C.
civ. dans la généralité de ses termes, comprend tous les
droits et créances de la femme (6). Il lui arrive de nier le
caractère indemnitaire de la pension, gênant en la circonstance: « L'hypothèque légale de la femme mariée,
dit-elle alors (7), garantit tous les droits qu'elle peut faire
valoir contre son mari, pourvu qu'ils aient pris naissance pendant le mariage. Or, la pension alimentaire
accordée à la femme n'est pas allouée à titre de dommages-intérêts pour la réparation du préjudice occasionné
par le divorce, cette pension n'est que l'application de
la dette alimentaire que le mariage crée entre les deux
époux et qui survit à la dissolution par un effet spécial
de la loi... » Elle affirme, dans d'autres cas, que le caractère indemnitaire de la pension ne saurait la faire
priver du bénéfice de l'hypothèque légale : « la pension
alimentaire que l'article 301 C. civ. permet aux tribunaux d'accorder à celui des époux qui a obtenu le divorce, sur les biens de son ancien conjoint, constitue
une réparation du préjudice que celui-ci lui a causé

---

(5) Trib. de la Seine, 5 juillet 1910. *Gaz. Pal.*, 1910 (2me sem.),
500. *Gaz. Trib.*, 1910 (2me sem.), II, 448.
(6) Trib. de la Seine, 28 nov. 1891. S. 1895, II, 25.
    Cf. Cour de Nancy, 15 avril 1899. D. 1900, II, 193.
(7) Cour de Bordeaux, 16 mai 1909. D. 1910, II, 192.

par ses torts, en amenant la dissolution anticipée du mariage et la rupture des obligations qui en résultaient... La pension dont il s'agit, ayant son origine dans le fait du mariage et grevant les biens de celui qui la doit, il en résulte qu'elle est protégée par l'hypothèque légale que l'article 2121 C. civ. accorde à la femme pour ses droits et créances sur les biens du mari... (8) ».

## § II. — *Le rang de l'hypothèque légale*

Une fois admise l'hypothèque légale pour garantie des pensions allouées en vertu des articles 212 et 301 C. civ., il faut en déterminer le rang. Pour les pensions alimentaires consécutives à une séparation de corps, l'hypothèque légale — c'est universellement admis — prend rang à la date du mariage et non à celle du jugement, car ce jugement est déclaratif et non attributif du droit de la femme (9).

Il y a, au contraire, des dissentiments en matière de divorce. Pour certains, l'hypothèque légale, attachée à la pension de l'article 301 C. civ., ne doit prendre rang qu'au jour du jugement. C'est seulement à partir de cette date que la dette du mari, résultant de la cessation de la vie commune et limitée à une période déterminée, prend effectivement naissance. De plus, puisque

(8) Trib. de Toulon, 12 mars 1907, Aix, 1er août 1907, et Req., 15 décembre 1909. D. 1911, I, 25. S. 1912, I, 313.
    Cf. Tribunal de Boulogne-sur-Mer, 17 novembre 1923. *Recueil des Sommaires Sirey*, 1924, n° 1089.
(9) Dijon, 16 juin 1893 et Douai 16 mai 1895 (cités à la page 80).
    Cf. Cass. civ., 25 juin 1895. S. 1895, I, 348.

l'article 2135 C. civ. est muet sur une créance de cette nature, il y a lieu d'appliquer par analogie l'une de ses dispositions qui décide que la femme n'a d'hypothèque pour l'indemnité de dettes qu'elle a contractées avec son mari et pour la remplir de ses propres aliénés que du jour de l'obligation ou de la vente [10].

Pour les autres, et cette opinion tend manifestement à prévaloir, l'effet de l'hypothèque légale remonte, même au cas de pension alimentaire après divorce, au jour de la célébration du mariage. Pour eux, « la dette représentée par la pension alimentaire a son origine dans le mariage, par conséquent elle est garantie par l'hypothèque légale, laquelle, dans ce cas, remonte à la date du mariage [11] ».

La femme, selon la manière de voir le plus généralement admise, jouit donc de la garantie de son hypothèque, et cette hypothèque prend rang à la date de la célébration du mariage.

## § III. — *Opérations juridiques dont l'hypothèque légale peut-être l'objet*

Il nous reste à examiner les opérations juridiques dont cette hypothèque peut être l'objet : renonciation et subrogation.

En matière de séparation de corps, la Cour de cassation a décidé « que toute renonciation au droit éventuel à une pension alimentaire résultant de l'article

---

(10) Trib. de la Seine, 28 novembre 1891. S. 1895, II, 25 (en note).
(11) Cour de Bordeaux, 16 mars 1909. S. 1909, II, 239. Cr. Boulogne-sur-Mer, 1923, précité, et Cass., 15 décembre 1909, D. 1911, I, 25. S. 1912, I, 313.

212 C. civ. est nulle, comme contraire à l'ordre public;
il en est de même de la renonciation totale ou partielle
aux garanties légales de ce droit... ». Par suite, la subrogation par laquelle une femme, créancière d'une pension alimentaire, cède son rang hypothécaire à un tiers,
est nulle. « En effet, la créance alimentaire peut être
rendue illusoire par la disparition ou l'inefficacité légale
de la sûreté légale qui en garantissait le recouvrement;
la femme, en renonçant à son hypothèque ou en la rejetant à un rang trop éloigné pour qu'elle puisse produire effet utile, se dépouillerait, par voie indirecte, des
ressources dont la loi n'a pas voulu qu'elle pût disposer directement... (12) ». La conséquence à tirer de cet
arrêt, écrit un arrêtiste anonyme (13), « est importante,
non seulement au point de vue pratique, mais encore
au point de vue doctrinal ». Jusqu'ici, en effet, tous les
commentateurs de l'article 9 de la loi du 23 mars 1855,
« dans le cas où les femmes peuvent céder leur hypothèque légale ou y renoncer... », enseignaient qu'il n'y
a qu'un seul cas où les femmes ne peuvent pas céder
leur hypothèque ou y renoncer, le cas des femmes dota-
les. « Désormais, à ce cas..., il faudra en ajouter un autre, le cas où l'hypothèque légale garantit une pension
alimentaire », que cette pension soit une pension alimentaire après séparation de corps ou après divorce,

(12) Cass. civ., 12 décembre 1921. D. 1922, I, 153. *Gaz. Trib.*, 1922,
I, 90.

    En sens contraire, Bordeaux, 24 décembre 1912. D. 1913, II,
150. En tout cas, les parties peuvent toujours supprimer d'un commun accord les garanties particulières consenties par le débiteur.
Cass. civ., 11 janvier 1927. S. 1927, I, 345, et la note de M. Bal-
leydier.

(13) Note dans la *Gazette des Tribunaux*, 1922, I, 90.

doit-on ajouter immédiatement. La jurisprudence tend, en effet, à assimiler ces deux pensions.

Le tribunal de la Seine avait, il est vrai, décidé, que le conservateur des hypothèques ne saurait se refuser à procéder, sur la présentation de la mainlevée consentie par la femme, à la radiation de son hypothèque légale et de son hypothèque judiciaire sous prétexte que le titulaire d'une pension allouée par jugement ne pourrait pas renoncer à ses garanties hypothécaires sans l'intervention du tribunal [14] ; mais depuis, des décisions ont été rendues en sens contraire. D'après le tribunal de Nice [15], la femme divorcée ne peut renoncer à son hypothèque légale lorsqu'elle conserve une pension alimentaire, et le conservateur ne doit pas rayer l'inscription d'une telle hypothèque, même lorsqu'en suite d'une transaction il en est donné mainlevée. Et la Cour de Paris a, plus récemment, donné la même solution [16]. Ce dernier arrêt présente d'ailleurs une particularité. Il parle d'une pension alimentaire accordée « en vertu de l'article 212 C. civ. par jugement de divorce ». Le divorce, à n'en pas douter, avait été prononcé sur conversion de séparation de corps. Il n'en est pas moins vrai que ce langage est inexact. Si dans ce cas, en effet, les dispositions du jugement de séparation de corps conservent leur effet, la pension n'en change pas moins de caractère. Elle ne peut plus être désormais basée que sur l'article 301 C. civ. Avec ce dernier

<hr>

[14] Trib. de la Seine, 5 juillet 1910. *Gaz. Pal.*, 1910 (2ᵐᵉ sem.), 500.

[15] Nice, 26 novembre 1923. *Rec. des Sommaires Sirey*, 1924, n° 1877.

[16] Paris, 10 juin 1925. *Gaz. Trib.*, 1925, II, 771 (Cf. Pau, 24 juillet 1924. *Gaz. Trib.*, 1925, II, 200, pour pension de l'art. 205).

arrêt, il faut cependant faire une distinction : la femme ne peut renoncer à son hypothèque pour les termes à échoir. Dans cette mesure, elle ne peut donner mainlevée de cette hypothèque. « Au contraire, aucun texte législatif ne fait obstacle à ce que la femme consente mainlevée, même sans payement, de l'hypothèque qui garantit le recouvrement de termes déjà échus de la même pension. »

La jurisprudence applique — nous le notons en passant — les mêmes règles à la pension qu'à ses garanties. Elle n'en tolère donc pas la cession. « Si la loi, dit-elle, impose, dans des cas déterminés, l'obligation de fournir des aliments , c'est à la condition qu'ils soient consacrés à assurer l'existence de celui à qui ils sont dus, sans pouvoir être détournés de leur destination... Il serait contraire à la raison comme à l'équité qu'une semblable créance pût être cédée à des tiers (17). » C'est d'ailleurs la seule cession des termes à échoir qui est prohibée. La cessibilité des termes échus n'est pas douteuse, il faut bien permettre au créancier d'en tirer parti (18).

## Section II. — Pension alimentaire après divorce et abandon de famille

Aux termes de l'article premier de la loi du 7 février 1924, « sera tenue pour coupable d'abandon de famille

(17) Cour de Paris, 11 mai 1892. D. 1892, II, 339, et 10 juin 1925. *Gaz. Trib.*, 1925, II, 771. *Contra* Cour de Bordeaux, 17 mars 1891. D. 1891, II, 179 (pour pension à servir à une veuve pour sa nourriture et pour son deuil).
(18) Cour de Pau, 15 avril 1861. D. 1862, II, 14.

et sera punie d'un emprisonnement de 3 mois à un an,
ou d'une amende de 100 à 2.000 francs, toute personne
qui, ayant été condamnée, soit en vertu de la loi du 13
juillet 1907, soit en vertu d'une ordonnance du président du tribunal ou d'un jugement, à fournir une pension alimentaire à son conjoint, à ses enfants mineurs
ou à ses ascendants, sera volontairement demeurée plus
de trois mois sans acquitter les termes de la dite pension ».

Ce texte vise, « *in terminis* », la pension due par un
conjoint à son conjoint. Si le non-payement de la pension alimentaire après divorce peut être considéré
comme un abandon de famille, il pourra donc être ré-
primé même au cas où le délit aurait été commis par
la femme. La garantie n'est donc plus ici unilatérale,
comme en matière d'hypothèque légale. Mais la loi du
7 février 1927 peut-elle servir de sanction à l'article 301 C. civ. ?

MM. Planiol, Ripert et Rouast l'ont pensé. On lit
dans leur grand traité de droit civil [19], que « la loi du
7 février 1924, sur l'abandon de famille, est venue apporter une sanction plus efficace au payement de la
pension, en créant un délit pénal au cas d'inexécution
de l'obligation civile », et, de fait, la Cour de cassation
vient de se prononcer en ce sens. Jusqu'à maintenant, la
Cour suprême n'avait pas eu à statuer sur cette question. L'arrêt que cite M. Rouast à l'appui de son opinion [20], ne semble pas pouvoir faire autorité en la
matière. Il a été rendu dans une affaire de séparation

(19) Planiol, Ripert et Rouast, « La famille », n° 638.
(20) Cass. crim., 21 février 1925. D. 1925, I, 144.

de corps et pour une pension à verser pendant l'instance ; cas auquel il y a encore des conjoints. La question est de savoir si, dans leurs rapports entre eux, des
époux divorcés, donc des ex-conjoints, peuvent commet-
tre un abandon de famille.

Il est certain, tout d'abord, que la loi du 7 février
1924 est inapplicable pour défaut de payement de la
pension alimentaire, lorsque cette pension n'a été accordée que par mesure provisoire, pendant l'instance en
divorce et lorsque le divorce est devenu définitif avant
la promulgation de cette loi [21].

Le payement d'une pension versée à l'un des conjoints à titre de simple avance n'est pas, non plus,
garanti par le délit d'abandon de famille [22]. Le tribunal de la Seine avait condamné pour abandon de
famille un mari débiteur, en suite d'un jugement de
divorce rendu aux torts des deux époux, d'une pension
alimentaire de 1.000 francs par mois jusqu'à clôture
des opérations de liquidation. La Cour de Paris réforma
ce jugement. « Il résulte, dit-elle, de façon évidente,
tant des travaux préparatoires que de l'intitulé même
de la loi nouvelle du 7 février 1924, réprimant le délit
d'abandon de famille, que le but du législateur n'a pas
été de sanctionner pénalement l'inexécution d'une obligation alimentaire quelconque, mais seulement l'inexécution d'une obligation fondée sur un devoir légal de
famille, inexécution constituant en même temps que le
non-payement d'une dette civile d'aliments, un abandon

---

(21) Cour de Colmar, 2 mai 1925. D. Hebd., 1925, p. 477.
(22) Cour de Paris, 2 décembre 1926. D. Hebd., 1927, p. 40. *Gaz.
Pal.*, 1927 (1er sem.), 264.

de famille. L'existence du délit nouveau, aux termes mêmes de l'article premier de la loi sus-visée, suppose obligatoirement l'abstention volontaire de service d'une pension légalement due, soit au conjoint, soit à des enfants mineurs ou à des ascendants. Il est manifeste que cet élément fait défaut dans l'espèce actuelle, où la pension allouée par le jugement même de divorce qui consacre au préalable la rupture définitive du lien conjugal n'est pas attribuée à un conjoint, mais en réalité à quelqu'un qui ne l'est plus. A cet égard, l'article 227 C. civ. dispose expressément que le mariage se dissout... 2° par le divorce légalement prononcé ; il s'agit, au surplus, d'une allocation uniquement destinée à subvenir aux besoins de l'épouse divorcée jusqu'à l'issue de la liquidation. Cette pension n'est nullement fondée sur le devoir de secours, mais constitue une simple avance imputable non seulement sur les revenus des reprises de la femme et de sa part dans la communauté, mais encore sur les capitaux susceptibles de lui advenir à la liquidation... ». Et la Cour conclut en disant « qu'une telle pension ne reposant sur aucun devoir légal de secours, son non-payement demeure absolument en dehors des prévisions de la loi du 7 février 1924 et ne saurait, à aucun titre, être sanctionnée comme un abandon de famille. En matière de droit pénal, ajoute-t-elle, toutes les dispositions doivent être interprétées restrictivement ».

La Cour de cassation semblait avoir perdu de vue cette nécessité d'interpréter restrictivement les textes répressifs. Pour elle, la loi du 7 février 1924, « en donnant au délit nouveau qu'elle a créé le nom d'abandon de famille, a conféré une portée générale à ses prescriptions, manifestant sa volonté de sanctionner par les pénalités qu'elle édicte, en dehors des exceptions expresses formulées par son texte, tous les manquements aux obligations alimentaires établies par le Code civil entre les membres d'une même famille et fixées par décision de justice... », et, de fait, la Cour déclarait la loi de 1924 applicable dans les rapports de gendre et belle-mère (23). On ne peut s'étonner que, par la suite, l'article premier de la loi du 7 février 1924 ait été déclaré applicable au mari divorcé, déclaré seul coupable, condamné par jugement définitif à servir une pension alimentaire à sa femme, et qui se refuse au payement de cette pension. De l'avis de la Cour de Colmar, l'article premier de la loi sur l'abandon de famille « s'applique à toute personne condamnée par jugement à fournir des aliments à son conjoint. Rien ne permet d'admettre que les termes à la fois précis et généraux du texte ne visent que les dettes alimentaires entre époux dues pendant le mariage, ou durant l'instance en divorce, et non aussi les cas où le mari divorcé et déclaré seul coupable est condamné à payer une pension alimentaire (24) ».

Des résistances se manifestaient cependant. Condamné par jugement de divorce, rendu, à ses torts exclusifs, à servir à sa femme une pension mensuelle de 500 fr., jusqu'à l'issue de la liquidation, un mari fut poursuivi, pour non payement, devant le tribunal correctionnel de

---

(23) Cass., 4 juillet 1925. D. Hebd., 1925, p. 515. S. 1926, I, 329.
(24) Cour de Colmar, 20 mars 1926. D. Hebd., 1926, p. 276. Cf. Trib. de Rochefort-sur-Mer, 11 mars 1926. D. **Hebd., 1926,** p. 279.

la Seine. Il prétendit, pour sa défense, avoir agi de bonne foi et sans intention coupable, son refus étant motivé uniquement par les procédés dilatoires employés par son ex-épouse pour retarder la liquidation de la communauté. Il fut néanmoins condamné, car, « si à compter de la transcription du divorce, il n'y a plus, à proprement parler, de mari ni de femme, il n'en existe pas moins un jugement passé en force de chose jugée qui le condamne en qualité de conjoint ».

La Cour de Paris (25) réforma ce jugement ; à partir de la transcription du divorce, en effet, « il n'est pas douteux que la situation juridique des anciens conjoints est complètement modifiée ; le mariage étant dissous, il n'y a plus que des ex-conjoints, il suit de là, qu'après la transcription du divorce, la pension mise à la charge de l'époux débiteur, qui avait sa source dans l'obligation alimentaire, perd, dès ce moment, ce caractère. Il ne s'agit plus que d'une dette civile dont le mari reste débiteur jusqu'au jour de la clôture des opérations de la liquidation et de l'apurement des comptes. S'agissant d'une obligation civile qui ne résulte pas des articles sanctionnés pénalement par la loi du 7 février 1924, cette loi ne peut être appliquée ». Les obligations entre époux, que sanctionne le délit d'abandon de famille, seraient donc seulement celles qui ont leur origine dans les articles 212 et 214 du Code civil.

Mais la Cour de cassation vient d'être appelée, pour

_______________

(25) Cour de Paris, 10 mars 1926. D. 1926, II, 97.
Cf. Cour de Douai, 27 mai 1927. *Gaz. Pal.*, 1927 (2me sem.), 579.
Tribunal de Bougie, 16 mars 1927. *Gaz. Pal.*, 1927 (2me sem.), *Rec. des Sommaires*, n° 57.

la première fois, à se prononcer directement sur la
question. Aucun doute n'est désormais permis: la loi
du 7 février 1924 peut servir de sanction à l'article 301
C. civ.

Par jugement transcrit le 29 avril 1925, le tribunal
civil de Bordeaux avait prononcé le divorce des époux
D...-D... aux torts du mari défaillant et l'avait condamné à payer à sa femme une pension alimentaire de
200 francs par mois.

Après plus d'une année écoulée sans acquitter la
pension, D... conclut un arrangement avec son ex-
conjointe, lui abandonnant divers objets pour servir
de payement aux termes échus. Sur de nouvelles mises
en demeure restées sans résultat, la procédure prévue
par la loi du 7 février 1924 fut engagée. Mais D... fut
relaxé par le tribunal correctionnel de Saintes, dont, en
appel, la Cour de Poitiers confirma le jugement.

Sur pourvoi du procureur général près la Cour d'appel, la Cour de cassation cassa cet arrêt. Il importe peu,
dit-elle, pour l'application de la loi sur l'abandon de
famille, « que l'époux au bénéfice duquel le divorce a
été prononcé, ait perdu la qualité de conjoint, dès lors
que c'est en cette qualité qu'il a obtenu une pension alimentaire ; en effet, la loi du 7 février 1924 a eu pour
objet de réprimer l'abandon de famille, et celui des
époux dont les torts ont motivé la décision de divorce
à la requête de son conjoint, doit être considéré comme
s'étant, par sa faute, rendu coupable de l'abandon dans
lequel se trouve ce dernier... (26) ».

(26) Cass. crim., 5 août 1927. *Gaz. du Pal.*, 11 janvier 1928. *G. P.*,
1928, I, 107.
Cf. Cass. crim., 11 février 1928. *Gaz. du Palais*, 13 mars 1928.

M. Rouast avait raison, la loi de 1924 « est venue apporter une sanction au payement de la pension » alimentaire après divorce.

## Section III. — Pension après divorce et biens insaisissables

La femme titulaire d'une pension alimentaire en vertu d'un jugement de divorce ne peut assurément saisir, pour le payement de cette pension, les biens absolument insaisissables de son mari, tels les rentes d'accident du travail régies par l'article 3 de la loi du 9 avril 1898.

Mais des lois introduisent parfois, en faveur de telle ou telle catégorie de créanciers, des dérogations au principe général d'insaisissabilité qu'elles édictent. C'est ce que faisaient jadis les lois sur les pensions et traitements des fonctionnaires, de même que la loi du 12 janvier 1895 sur la saisie des petits salaires. Elles déclaraient le payement de certaines dettes alimentaires possible même sur la quotité frappée par elles d'insaisissabilité. Certaines lois récentes ont reproduit des dispositions semblables et la question est née de savoir quels sont, en présence de ces textes, les droits d'une femme divorcée, bénéficiaire d'une pension en vertu de l'article 301 C. civ.

L'étude de la jurisprudence est ici très intéressante. Une évolution s'y est manifestée, très profonde, dans le sens d'une reconnaissance de plus en plus grande des droits de la femme divorcée.

## § I. — *Pensions de retraites*

Les pensions militaires étaient autrefois régies par la loi du 11 avril 1831, quand il s'agissait de pensions de retraite, et par celle du 19 mai 1384, quand il s'agissait de pensions de réforme.

Aux termes de la première, les pensions étaient insaisissables, sauf pour un cinquième, en cas de débet envers l'Etat, et pour un tiers, dans les cas prévus aux articles 203 et 205 du Code civil (aliments dus aux enfants ou aux parents).

La loi de 1834 ajoutait à cette énumération l'article 214 C. civ.

Les pensions civiles étaient réglementées par la loi du 9 juin 1853 et déclarées saisissables dans les circonstances prévues par les articles 203, 205, 206, 207 et 214 du Code civil. Aucune de ces lois ne parlait de l'article 301 C. civ., pas plus d'ailleurs que de l'article 212 C. civ., et c'était un point controversé que de savoir si des exceptions ne devaient pas être faites aussi en faveur de ces deux articles.

Pour la Cour de cassation, la femme séparée de corps et créancière d'aliments en vertu de l'article 212 C. civ. n'était pas recevable à saisir, pour en avoir payement, la pension militaire de son mari. La loi du 11 avril 1831, même complétée par celle du 19 mai 1834, ne faisait allusion, en effet, qu'à l'article 214 C. civ. Cet article « spécial au cas où les obligations procédant du mariage n'ont subi aucune modification légale, est bien distinct du cas de séparation (27) ».

(27) Req., 24 décembre 1883. D. 1884, I, 196. S. 1885, I, 17.

D'autres juridictions, toutefois, furent d'un avis contraire. Elles estimèrent que la femme d'un militaire, au profit de laquelle la séparation avait été prononcée ([28]), pouvait saisir-arrêter, à concurrence du tiers, sa pension de retraite pour obtenir payement de sa créance alimentaire. C'est à tort, dit par exemple le tribunal civil de Caen, que le mari, ancien militaire retraité, « invoque les dispositions de l'article 28 de la loi du 11 avril 1831 sur les pensions de l'armée de terre, pour contester, d'une façon absolue à sa femme, séparée de corps, le droit de faire saisir-arrêter sa pension... ». Cette loi a été interprétée par celle du 31 mai 1862 sur la comptabilité publique, dont l'article 268, ainsi conçu: « Les pensions militaires et leurs arrérages ne sont saisissables que dans le cas de débet envers l'Etat ou dans les circonstances prévues par les articles 203, 205 et 214 C. Nap. » a eu « pour but de mettre l'harmonie complète dans la législation, en donnant à l'épouse victime des torts de son mari la possibilité de rendre efficaces les condamnations pécuniaires destinées à assurer sa subsistance... ([29]) ».

On peut invoquer de plus, ce semble, en la matière, la loi du 19 mai 1834, sur l'état des officiers et un avis du Conseil d'Etat du 11 janvier 1808, dispositions qui « mettent la femme sur le même pied que les enfants([30]».

---

(28) Tandis que l'arrêt de la Cour de Cassation était relatif à une femme contre laquelle la séparation avait été prononcée, et, en effet, selon certain, il aurait fallu distinguer ces deux hypothèses. Cf. Cohendy, note au D. 1893, II, 218 2me colonne, avant-dernier alinéa.

(29) Trib. de Caen, 27 juillet 1891. D. 1893, II, 217.

(30) Cour de Rennes, 26 avril 1893. D. 1894, II, 317. S. 1894, II, 307.

Cette solution ne tarda pas à être étendue à la femme en instance de divorce. Il n'y a pas, en effet, de raison juridique de la traiter différemment de la femme séparée de corps. On reproduisit en sa faveur les **arguments** déjà mentionnés. « Il n'existe aucune raison, dit-on, de distinguer entre les créances résultant des articles 203 et 205 C. civ. et celles résultant de l'article 214 du même code, qui ont toutes trois un caractère alimentaire. Si l'article 28, § 1er, de la loi du 11 avril 1831, établissant le principe de l'incessibilité et de l'insaisissabilité des pensions militaires, ne fait d'exception à ce principe qu'en ce qui concerne les circonstances prévues par les articles 203 et 205 C. civ., ce texte a été complété par l'article 20 de la loi du 19 mai 1834, qui, assimilant les pensions de réforme aux pensions de retraite, les déclare toutes deux au même titre incessibles et insaisissables, excepté dans le cas de débet envers l'Etat et dans les circonstances prévues par les articles 203, 205 et 214 C. civ... [31] ».

La Cour de cassation se rallia, elle-même, à cette doctrine. La disposition de la loi qui rend la pension de retraite incessible et insaisissable « a été édictée en vue d'assurer convenablement les moyens d'existence du militaire retraité et ceux de sa famille qui se confondent avec les siens propres. Ainsi les arrérages de la pension ayant un caractère essentiellement alimentaire constituent, dans la mesure déterminée par la loi, le gage des créanciers d'aliments et notamment de la femme qui ne saurait être assimilée aux créanciers

---

[31] Tribunal de Lille, 5 décembre 1911. S. 1912, II, 156. Cf. Trib. de la Seine, 6 février 1902. S. 1903, II, 285.

ordinaires et à laquelle on ne peut opposer une interdiction destinée à lui profiter comme au bénéficiaire de la pension lui-même ». « Le principe général de l'insaisissabilité des pensions et traitements dus par l'Etat... ne saurait être invoqué à l'encontre des dettes qui ont un caractère alimentaire (32). »

Cette dernière remarque de la Cour de cassation fit rapidement fortune. Dès l'année suivante, la Cour de Poitiers décida d'appliquer à la femme divorcée les mêmes règles qu'à la femme en instance de divorce ou séparée de corps.

« Aux termes de l'art. 28 de la loi du 11 avril 1831, dit-elle (33), les pensions militaires et leurs arrérages sont déclarés insaisissables excepté... dans les circonstances prévues aux articles 203 et 205 C. civ. » L'art. 301 C. civ. n'est pas mentionné, il est vrai, mais « il importe peu que les dispositions du code civil donnant à la femme le droit de réclamer des aliments au mari ne soient pas expressément visées par le texte de loi précité; le principe général de l'insaisissabilité des pensions et traitements dus par l'Etat, formulé par l'art. 580 C. proc. civ. et dont l'art. 28 de la loi du 11 avril 1831 n'est qu'une application ne saurait être invoqué à l'encontre des dettes qui ont un caractère alimentaire. » Or la pension accordée à la femme après divorce « a bien incontestablement ce caractère. En effet, cette pension accordée à la femme après la rupture du lien conjugal n'est dans l'espèce que la représen-

<hr>

(32) Cass. civ., 19 avril 1921. D. 1921, I, 8. S. 1922, I, 71.
(33) Cour de Poitiers, 10 avril 1922. D. 1923, II, 96. S. 1922, I, 134.

tation des aliments que son mari lui aurait dus, si le mariage avait duré... » « Il est sans intérêt de distinguer suivant que la femme a obtenu la séparation de corps ou le divorce; dans un cas comme dans l'autre, la pension accordée conserve son caractère alimentaire avec toutes les conséquences qui en découlent. »

Toutes les décisions rapportées ont trait aux pensions militaires. Elles seraient pleinement justifiées en matière de pensions civiles, et *a fortiori*, puisque la loi du 9 juin 1853 est plus large que celles de 1831 et 1834. Elles conservent tout leur intérêt en présence de la loi du 14 avril 1924, la dernière loi fondamentale sur la question. Dans son art. 54, cette loi stipule en effet, comme les précédentes, que les pensions instituées par elle sont incessibles et insaisissables « sauf dans les circonstances prévues par les art. 203, 205, 206, 207 et 214 » du code civil. Elle ne fait aucune allusion à l'art. 301. La jurisprudence n'hésiterait cependant certainement pas à considérer cet article comme implicitement contenu dans l'énumération légale.

## § II. — *Traitement des fonctionnaires*

Les traitements des fonctionnaires sont eux aussi en partie insaisissables. Cela résulte des lois du 21 Ventôse An IX et 12 janvier 1895. La première déclarait les traitements des fonctionnaires civils saisissables seulement jusqu'à concurrence d'un cinquième sur les premiers 1.000 francs, d'un quart sur les 5.000 francs suivants et d'un tiers sur le surplus, et d'après la seconde, les appointements ou traitements des... fonctionnaires n'étaient saisissables que jusqu'à concurrence du dixiè- me lorsqu'ils ne dépassaient pas 2.000 francs, mais elle spécifiait dans son article 3 que « les cessions et saisies faites pour le payement des dettes alimentaires prévues par les articles 203, 205, 206, 207, 214 et 349 C. civ. ne sont pas soumises aux restrictions qui précèdent. »

Sous l'empire de la loi de Ventôse An IX, il avait été parfois décidé, même en cas de séparation de corps, que la femme avait les droits d'un créancier ordinaire et rien de plus. « Dans l'état actuel de la législation, la femme séparée de corps d'un fonctionnaire ne peut, à défaut d'exception formelle qui l'y autorise, être ad- mise, à poursuivre, par voie de saisie-arrêt sur la por- tion déclarée insaisissable du traitement de son mari, le recouvrement d'une pension alimentaire à elle al- louée par justice, mais doit à cet égard, comme tous les autres créanciers, et concurremment avec eux, exer- cer ses droits sur la part dont la loi permet la sai- sie (34). »

Les décisions les plus nombreuses étaient cependant rendues — et en matière de divorce même — en sens contraire (35). Si « la loi de Ventôse a fixé d'une ma- nière absolue le quantum de la saisissabilité permise aux créanciers des fonctionnaires sans ajouter que cette limite pourrait être dépassée pour cause d'ali- ments, le code de procédure a dérogé à la loi de Ven- tôse lorsque, cinq ans plus tard, édictant en 1805, les règles générales des saisies, les auteurs du code de pro-

---

(34) Seine, 22 décembre 1882. D. 1892, II, 129 (en note).
(35) Cour de Paris, 19 juillet 1894. D. 1895, II, 179.
Cf. Cour de Paris, 3 mai 1899. *Gaz. Trib.*, 1899 (2me sem.), II, 409.

cédure y ont introduit ce principe de justice que, pour cause d'aliments, on pourrait saisir même les créances alimentaires au cas de parité de besoin entre le saisissant et le saisi ».

La Cour de Cassation, lorsque la question fut pour la première fois portée devant elle, en 1911, se prononça dans le sens d'une saisissabilité absolue (36). A son avis, « en soustrayant en majeure partie à l'action de ses créanciers le traitement des fonctionnaires publics, la loi du 21 Ventôse An IX a eu pour but d'assurer convenablement les moyens d'existence de ce fonctionnaire et ceux de sa famille qui se confondent avec les siens propres. Ayant ainsi un caractère essentiellement alimentaire, la portion réservée du traitement constitue, le cas échéant et au même titre que la partie saisissable et dans la mesure qu'il appartient aux tribunaux de déterminer, le gage des créanciers d'aliments qui ne sauraient être assimilés à des créanciers ordinaires, ni se voir opposer une interdiction destinée à leur profiter comme au fonctionnaire lui-même...» Il s'agissait, à vrai dire, dans cette affaire, d'une pension à payer au cours d'instance, mais peu après la cour donna la même solution pour une pension après divorce (37).

Cette solution jurisprudentielle a reçu, en 1921, une sanction légale. La loi du 27 juillet 1921, relative à la saisie-arrêt sur les petits salaires et petits traitements des ouvriers et employés, après avoir fixé, dans ses

---

(36) Cass. Req., 27 avril 1911. D. 1912, I, 51. S. 1913, I, 233.
(37) Cass. civ., 26 mai 1913. D. 1914, I, 300. S. 1913, I, 318. Cf. Alger, 29 février 1912. S. 1913, II, 54.

articles 61 et 62, les règles des saisies et cessions de ces salaires et traitements dit en effet expressément dans son article 63 : « Les cessions et saisies faites pour le paiement des dettes alimentaires prévues par les articles 203, 205, 206, 207, 212, 214, 238, 240, 301 et 349 C. civ., ne sont pas soumises aux restrictions qui précèdent. »

## § III. — *Autres rémunérations*

La loi du 27 juillet 1921 ne s'applique pas, du reste, aux seuls fonctionnaires. Elle est surtout relative aux salaires et traitements des ouvriers et employés. On doit donc appliquer à ces salaires et traitements les règles exposées plus haut.

Grâce à cette loi de 1921, et du fait qu'elle a ajouté à l'art. 63 les articles 212, 238, 240 et 301 C. civ., il n'y a donc plus de doute désormais que les saisies-arrêts pratiquées pour avoir paiement des pensions alimentaires allouées, soit en cours d'instance, soit par le jugement ou arrêt de divorce ou de séparation de corps, échappent aux restrictions établies par l'art. 61 du Livre I du code du travail sur les traitements et salaires n'excédant pas 6.000 francs par an [38].

(38) La pension allouée par jugement de divorce en vertu de l'art. 301 C. civ. est, au contraire, totalement insaisissable. Elle a, d'après la jurisprudence, un caractère alimentaire et rentre dans la catégorie des provisions alimentaires adjugées par justice et déclarées insaisissables par l'art. 581 C. Proc. civ., et il n'y a pas lieu de distinguer entre les provisions accordées en cours d'instance et les pensions allouées par le jugement même de séparation de corps ou de divorce (Tribunal de Montpellier, 17 novembre 1925. *Recueil des Sommaires Sirey*, 1926, n° 718).

L'article 3 de la loi du 12 janvier 1895 avait fait naître une difficulté sur la procédure de la saisie-arrêt.

Ce texte, devenu l'article 63 au Livre I du code du travail, soustrayait les saisies-arrêts pour dettes alimentaires à la limitation de la quotité saisissable. Devait-on admettre qu'il avait aussi pour effet de les soustraire aux règles de compétence et de procédure édictées pour la saisie-arrêt des salaires et petits traitements?

Les tribunaux décidaient unanimement que les saisies-arrêts pour dettes alimentaires demeuraient soumises aux règles de compétence et procédure de la loi du 12 janvier 1895 [39].

Cette solution doit encore être considérée comme exacte sous l'empire de la loi du 27 juillet 1921. L'article premier de cette loi a seulement complété l'énumération des créances alimentaires soustraites à la limitation de la quotité saisissable. Il n'a apporté aucune autre modification.

Les saisies-arrêts pour payement de dettes alimentaires demeurent donc soumises aux règles de compétence et procédure de la loi sur les petits salaires et petits traitements, du moment que ces salaires et traitements n'excédent pas le maximum de 6.000 francs fixé par le nouvel article 61 du Livre premier du Code du travail [40].

---

[39] Tribunal de la Seine, 22 mai 1896. S. 1897, II, 54.
    Cf. Tribunal de Narbonne, 23 février 1897. S. 1898, II, 150.
[40] Tribunal de Lyon, 18 mai 1923. S. 1923, II, 64.

# CHAPITRE IV

## L'extinction de la pension alimentaire

Comme toute obligation alimentaire, la pension de l'article 301 C. civ. est subordonnée à la double condition que le créancier soit dans le besoin et le débiteur « *in bonis* ».

Elle s'éteint lorsque l'une de ces conditions vient à faire défaut. L'extinction n'est toutefois pas automatique. Si l'époux créancier revient à meilleure fortune, son ex-conjoint doit faire constater cette amélioration par le tribunal. Seule une décision judiciaire peut réduire ou supprimer la pension. De même, si l'époux débiteur voit ses ressources diminuer, il doit demander à la justice de le relever de son obligation. Dans cette circonstance cependant, il se contentera simplement, le plus souvent, de ne plus payer. L'époux créancier sera bien obligé de supporter cet état de fait.

La pension s'éteint par le nouveau mariage des époux divorcés : l'art. 212 C. civ. reprend, en cette occurrence, son effet. Elle cesse aussi au jour du décès de l'époux créancier.

Mais s'éteint-elle par la renonciation de l'époux créancier ou son nouveau mariage? par la faillite ou le décès de l'époux débiteur?

Seuls, ces points présentent quelques difficultés.

## Section I. — La renonciation à la pension alimentaire

Il serait inexact de dire simplement, comme on le fait parfois [1] que la pension après divorce s'éteint par la renonciation du créancier. En réalité, la jurisprudence sur la question manque de fixité et d'ensemble.

Il a été jugé parfois qu'une renonciation ne saurait être admise en semblable matière [2]. La Cour de Paris le disait encore récemment [3] : « L'obligation alimentaire dérivant des rapports de famille ayant un caractère d'ordre public, la femme mariée ne peut céder la créance résultant de la pension à elle allouée en vertu de l'art. 212 C. civ. par jugement de divorce ni y renoncer. »

La dernière décision, rendue à notre connaissance en cette matière, l'a cependant été dans un sens tout opposé. « La pension de l'art. 301 C. civ., dit le tribunal de la Seine [4], a le caractère d'une indemnité, d'une

(1) Collet. « De l'obligation alimentaire entre époux divorcés ». Thèse, Paris, 1919, p. 93.
(2) Cour de Paris, 7 Floréal an XII. S. 1804, II, 132.
(3) Cour de Paris, 10 juin 1925. *Gaz. Trib.*, 1925, II, 771.
(4) Tribunal de la Seine, 28 juin 1926. D. Hebd., 1926, p. 492.
Cf. Seine, 9 mars 1917. *Gaz. Trib.*, 1917, II, 521.

réparation pour le conjoint qui se trouve dans la nécessité de faire prononcer ou de subir la rupture du lien conjugal. Il est loisible aux époux divorcés de s'entendre directement sur le chiffre de cette pension et ses modalités; la disposition de l'art 301 n'a pas un caractère d'ordre public, car elle n'est pas une conséquence nécessaire du divorce, il est toujours possible à la victime d'un délit de fixer à l'amiable la réparation à laquelle elle a droit, voire même de la céder ou d'y renoncer complètement. »

## Section II. — Sort de la pension alimentaire en cas de nouveau mariage de l'époux créancier

La jurisprudence, ici encore, est incertaine et les décisions contradictoires.

Le tribunal de Perpignan refusa, jadis, d'admettre l'extinction de plein droit de la pension au cas de nouveau mariage de l'époux créancier (5). « Cette pension... a pour base l'art 301 C. civ., il résulte de cette précision indiscutable que le second mariage contracté par la défenderesse avec G... n'autorise pas le précédent mari à solliciter la révocation de la pension litigieuse. Il est admis, en doctrine et en jurisprudence, que le convol en secondes noces par l'époux divorcé ne fait pas perdre, *ipso facto,* nécessairement et absolument à celui-ci le bénéfice de la pension que l'autre

(5) Tribunal de Perpignan, 8 janvier 1895. D. 1895, II, 333.
Cf. Tribunal d'Avranches, 30 octobre 1896. *La Loi.* 7 janvier 1897.

conjoint divorcé a été condamné à lui servir; une opinion contraire est insoutenable en présence des discussions préliminaires qui ont précédé la rédaction définitive de l'art. 301 susvisé. Il faut reconnaître que, dans la situation respective des parties au procès, le juge est investi d'un pouvoir discrétionnaire souverain qui lui donne le droit de révoquer, de maintenir ou de réduire la pension suivant les circonstances, c'est-à-dire d'après les besoins du bénéficiaire de la pension et d'après les facultés de celui qui en est le débiteur... Il faut rejeter les conclusions du demandeur tendant à faire révoquer la pension pour le seul motif des secondes noces de la dame G... consécutives à son divorce avec G...; il convient simplement de rechercher d'après la position pécuniaire respective des parties si la pension doit être maintenue, ou bien peut être supprimée ou modérée... »

La cour d'Aix, par contre, a décidé que le second mariage de l'époux créancier lui enlève automatiquement son droit à la pension alimentaire.

L'affaire soumise à son appréciation, était, du reste, assez complexe. Une femme divorcée s'était remariée. Cette nouvelle union fut, à son tour, brisée par le divorce. Sur ces entrefaites, la femme eut l'idée d'invoquer l'art. 301 C. civ. et de demander à son premier mari une pension alimentaire. La cour réforma le jugement de première instance qui avait accueilli sa demande. « Si la loi, dit-elle (6), ne lui imposait aucun délai pour présenter sa demande, la dame S... n'en doit

(6) Cour d'Aix, 19 mars 1915.

pas moins être déclarée irrecevable, parce qu'en se remariant dans l'intervalle pour divorcer de nouveau trois ans plus tard, elle a perdu tout droit à l'encontre de son premier mari; il tombe sous le sens, en effet, qu'au cas de second mariage, l'obligation alimentaire au profit de la femme a passé au second mari, et que, d'autre part, au cas de nouveau divorce, c'est également au second mari qu'incombe la charge de réparer les conséquences dommageables résultant de la situation ainsi faite à la femme qui a obtenu le divorce à son profit; on objecte en vain que le droit à la pension supprimé par le second mariage a revécu par suite du second divorce alors que celui-ci ne peut évidemment produire de conséquence qu'à l'égard du second mari, car le second mariage... a brisé tous les liens quelconques entre la femme et le premier mari; après cette seconde union, ce dernier n'est plus tenu à aucun secours alimentaire dont l'obligation est passée au second mari. »

Et la Chambre civile (7), en rejetant le pourvoi, déclara que la cour, loin de violer l'art 301 C. civ., en avait « fait, au contraire, une exacte application ».

## Section III. — Sort de la pension alimentaire en cas de faillite de l'époux débiteur

La pension alimentaire — ce point n'est plus discuté aujourd'hui — ne s'éteint pas par la faillite de l'époux débiteur.

(7) **Cass. civ., 21 avril 1920. D. 1924, I, 91.**

Certaines décisions avaient autrefois admis l'extinction de la dette du mari tombé en faillite. Elles avaient refusé de colloquer la femme comme créancière du mari à raison de sa pension alimentaire et justifiaient leur refus par la nature spéciale de cette créance « susceptible de subir les fluctuations pouvant survenir aussi bien dans la situation de celui à qui elle est due et de celui qui la doit ». Elles furent cassées par la Cour suprême. Le seul fait qu'un jugement déclaratif a été rendu contre le mari, ne saurait, en effet, le décharger du service de la pension. Si la pension peut être réduite ou supprimée, « ce n'est que par une nouvelle décision judiciaire » [8].

Comme le remarque Lyon-Caen, « il y a là une créance affectée d'une sorte de condition résolutoire, la cessation des besoins de la femme ou l'impossibilité pour le mari de s'acquitter. Cette condition résolutoire n'est réellement accomplie que lorsqu'un jugement spécial constate que l'un de ces faits s'est réellement produit. » [9].

La Cour de cassation spécifia même qu'il importe peu que le jugement de séparation de corps soit postérieur à la déclaration de faillite du débiteur, si du moins l'introduction de l'instance en séparation et l'ordonnance du président du tribunal condamnant à payer une pension alimentaire remontent à une date antérieure à cette déclaration. L'arrêt de la Cour de cassation fut, en effet, rendu en matière de séparation de corps. Elle appliquerait cependant certainement, si l'occasion s'en

<hr>

(8) Cass. civ., 21 octobre 1902. D. 1902, I, 541. S. 1903, I, 113.
(9) Note au Sirey, 1903, I, 113.

présentait, les mêmes règles à la pension alimentaire' allouée, après divorce, à l'époux innocent (10).

Pour quelle somme, la femme, titulaire d'une pension, doit-elle être colloquée dans la faillite de son mari ?

D'après Lyon-Caen, il y a lieu d'appliquer ici les mêmes règles qu'aux rentes viagères existant au profit de tiers contre le failli. Or, « deux solutions principales sont possibles pour les rentes viagères : 1° on place le capital nécessaire pour produire des intérêts égaux au montant annuel de la rente viagère (de la pension) réduite d'après la loi du dividende et le droit au capital fait retour à la masse après la mort du crédi-rentier; 2° on place à fonds perdu le capital nécessaire pour payer au crédi-rentier, durant sa vie, les arrérages de la rente (de la pension) réduits d'après la loi du dividende. » Il faut remarquer toutefois qu'en matière de pension alimentaire, « ce n'est pas seulement la mort de la femme qui peut mettre fin à son droit, c'est encore la cessation de ses besoins. Si cette dernière circonstance se produit, comme au cas de mort, le capital placé doit faire retour à la masse des créanciers ou la rente constituée à fonds perdu sur la tête de la femme doit revenir à cette masse. Dans le cas où ces faits se produisent après la fin de la faillite, il y a lieu de l'ouvrir à nouveau, comme lorsqu'on découvre de nouveaux biens après que la faillite est terminée » (11).

(10) En ce sens : Trib. de Commerce de Tulle, 15 juin 1898. *Gaz. Pal.*, 1898 (2ᵐᵉ sem.), 428.
(11) Note au Sirey, 1903, I, 114. Cf. note de Levillain. D. 1905, II, 284.

Les cours ou tribunaux ne s'expliquent pas toujours clairement sur la solution qu'il convient d'adopter. « La femme, dit par exemple la Cour d'Orléans (12), sera admise au passif de la faillite de son mari pour une somme de 15.000 francs qui, d'après l'estimation de la Cour, représente le capital nécessaire pour assu- rer le service de la pension alimentaire à elle due. » Elle détermine bien pour quelle somme le créancier sera admis à la faillite, mais ne se préoccupe pas, sem- ble-t-il, de fixer le mode à adopter pour assurer le ser- vice de la pension alimentaire, après que le créancier aura subi la loi du dividende.

On trouve, au contraire, des précisions dans un arrêt de la Cour d'Aix (13). La Cour prescrit que le paiement des arrérages à venir sera assuré par le dépôt d'un capital suffisant pour que les intérêts à 3 p. 100 de ce capital égalent les arrérages de la pension. Elle prend soin d'ajouter que ce capital, ainsi fixé provisoirement à la somme nécessaire au paiement des arrérages de la pension, devra être réduit proportionnellement au divi- dende auquel les créanciers ont droit, en sorte que c'est seulement le capital ainsi réduit qui devra être déposé à la Caisse des dépôts et consignations. Cet arrêt com- plète donc la solution donnée précédemment par la Cour d'Orléans.

(12) Orléans, 23 juillet 1903. D. 1905, II, 281. S. 1905, II, 302. *Gaz. Trib.*, 1904 (2<sup>me</sup> sem.), II, 64.
(13) Aix, 2 juin 1909. S. 1909, II, 195.

## Section IV. — Sort de la pension alimentaire en cas de décès de l'époux débiteur

La pension alimentaire après divorce, ne s'éteint pas par le décès du débiteur.

La jurisprudence avait toujours donné cette solution, de 1816 à 1884, en matière de séparation de corps. « Si le droit à une pension alimentaire, fondé sur les principes de l'art. 212 C. Napoléon et accordé à l'un des époux au cas de séparation de corps constitue, remarquait-elle, une obligation personnelle limitée à la vie de celui des conjoints condamné à servir cette pension, il ne saurait en être de même du droit à indemnité accordé par l'art. 301 à celui des époux qui a obtenu la séparation; cette indemnité, qui doit jusqu'à un certain point, tenir lieu à l'époux malheureux des avantages de fortune et de position que lui assurait le mariage et qui tend à réparer le préjudice qu'il souffre de la séparation, portant sur les biens mêmes de son conjoint, constitue, à la mort de ce dernier, une charge de sa succession, supportable par ses héritiers. » [14].

Elle a invoqué le même motif, après le rétablissement du divorce en 1884, pour maintenir la solution ancienne [15].

---

(14) Grenoble, 11 juillet 1863. D. 1865, II, 6. S. 1864, II, 14.
Cass., 2 avril 1861. D. 1861, I, 97. S. 1861, I, 140.
Rouen, 30 juillet 1862. D. 1864, II, 238. S. 1863, II, 63.
Cf. Alger, 2 février 1886. S. 1886, II, 177.
(15) Lyon, 4 juin 1892. D. 1893, II, 32. S. 1893, II, 60.

Comment doit se répartir la dette alimentaire entre héritiers, lorsqu'ils sont plusieurs? Puisque cette dette est « une charge de la succession », on concevrait sans peine qu'elle se divisât de plein droit entre eux. Conformément au droit commun, chacun des héritiers devrait en être tenu pour sa part et portion héréditaire.

La Cour de Nancy eut cependant l'occasion d'établir un autre mode de répartition. Une veuve, titulaire d'une pension alimentaire en vertu de l'art. 301 C. civ. poursuivait en payement de sa pension les héritiers de son ex-mari. Ces héritiers, tenus de charges de famille différentes, possédaient des moyens d'existence inégaux. L'un, père de famille de six enfants, avait recueilli dans la succession de son père toute la quotité disponible, touchait un traitement et les revenus de la dot de sa femme. L'autre, une femme séparée de corps et de biens, avait la garde des deux enfants issus du mariage, les dissipations de son mari avaient fait disparaître une notable partie de sa dot et des sommes recueillies par elle dans les diverses successions auxquelles elle avait été appelée.

Faisant état de ces circonstances de fait, la Cour résolut de partager inégalement entre les deux héritiers la charge de la pension alimentaire. Elle condamna le premier à en payer les deux tiers, la seconde ne dut que le surplus (16).

La règle de la division des dettes entre les héritiers, on l'a fait remarquer (17), n'interdisait pas cette solution. Elle ne paraît pas « pouvoir mettre obstacle à ce

(16) Nancy, 26 juin 1903. S. 1904, II, 33.
(17) Note anonyme au Sirey, sous l'arrêt précité.

que les juges, dans la détermination de la part de la pension alimentaire qui incombe à chaque héritier, tiennent compte des facultés du débiteur, c'est-à-dire en l'espèce de la situation de fortune des héritiers. La règle de la division des dettes peut être invoquée par les héritiers pour soutenir qu'ils ne peuvent être tenus d'une part de la pension supérieure à leurs droits héréditaires en ce sens que, dès lors que la pension telle qu'elle était fixée au décès de l'époux débiteur n'excédait pas le tiers des revenus de sa succession, l'époux créancier n'en peut réclamer à chacun des héritiers plus de la moitié, du tiers, du quart suivant qu'il y a deux, trois ou quatre héritiers. » Mais si le droit de demander la réduction de la pension n'est pas personnel au débiteur originaire, s'il appartient aussi à ses héritiers, le juge doit pouvoir réduire la pension pour certains héritiers et non pour d'autres au cas où les premiers ont des charges que n'ont pas les seconds [18]. Or, tel est bien le caractère de ce droit. La jurisprudence le décide depuis très longtemps. La Cour de Cassation surtout a été formelle sur ce point.

Une femme, condamnée à payer une pension alimentaire à son mari après divorce avait institué une légataire universelle. La légataire accepta purement et

[18] Si nous supposons, par exemple, une succession de 18.000 francs, une pension alimentaire de 6.000 et deux héritiers, la pension qui ne dépasse pas le tiers des revenus doit se diviser entre eux et chacun des héritiers peut être tenu au maximum de verser 3.000 francs. Mais l'un des héritiers A pourra être condamné à payer 3.000 francs et l'autre B seulement 1.500 à cause de sa situation de fortune personnelle. A payera la moitié de la pension telle qu'elle était fixée au décès du *de cujus* (3.000 francs sur 6.000) et les deux tiers de la pension effectivement due par les héritiers, une fois son montant définitivement fixé d'après leur situation de fortune respective (3.000 sur 4.500).

simplement la succession et demanda la réduction de la pension dont le chiffre excédait le tiers des revenus au jour du décès, ces revenus se composant principalement d'un usufruit éteint au décès de la débitrice originaire. En cassation, la Cour suprême reconnut sa demande justifiée. « Par l'effet de la saisine, dit-elle, l'héritier est au lieu et place du défunt, il est en principe obligé de la même manière, pas moins mais pas plus et non autrement,... dans le cas de l'art. 301, la dette dont l'époux était tenu ne saurait donc avoir plus d'étendue dans la personne de l'héritier que dans la sienne propre; comme lui, pendant sa vie, l'héritier peut par conséquent agir en réduction lorsque la pension alimentaire à laquelle le défunt avait été condamné excède le tiers des revenus de la succession. »

On alléguerait vainement que ce droit est personnel à l'époux débiteur. « Si la pension que celui-ci a dû payer de son vivant lui survit, c'est parce qu'elle a en soi le caractère d'une indemnité, elle est, en effet, la réparation du préjudice que par l'oubli de ses devoirs, cet époux a causé à son conjoint. A ce titre, elle constitue par suite une dette de son patrimoine qui, comme ses obligations en général, passe telle quelle à ses héritiers. » (19).

La juridiction de première instance, le tribunal de Toulouse, pour se prononcer en faveur de la personnalité du droit de réduction avait, au contraire, placé au second rang ce caractère indemnitaire. Pour elle, aux termes de l'art. 301 C. civ., « l'obligation alimen-

(19) **Cass. civ.**, 10 mars 1903. D. 1903, I, 593. S. 1903, I, 222. **Cf. Dijon**, 18 novembre 1903. S. 1904, II, 131.

taire que le mariage fait naître entre les époux subsiste, même après le divorce ou la séparation de corps prononcée, au profit de celui des deux qui ayant obtenu le bénéfice de la mesure n'a pas de ressources suffisantes pour assurer son existence ». De plus, « ce n'est pas seulement le principe de la dette qui est ainsi transmis passivement, mais encore sa quotité au jour du décès; en effet, une pareille dette, quel que soit l'élément indemnitaire dont elle est mélangée est, avant tout, une dette alimentaire qualifiée comme telle par la loi, puisant sa source dans le mariage... si par dérogation expresse de la loi... elle est transmissible à l'héritier, du moins à raison de sa nature personnelle, celui-ci ne saurait être admis à user d'un droit de décharge ou de réduction qui, s'il n'a pas été utilisé par son auteur, est appelé à disparaître avec lui... »

En somme, ici comme ailleurs, les deux conceptions de la pension — conception alimentaire et conception indemnitaire — s'opposaient.

Que doit-il en définitive sortir de cette rencontre perpétuelle? L'une des théories doit-elle disparaître? Ne doivent-elles pas plutôt se fondre et ne doit-on pas reconnaître à la pension de l'art. 301 C. civ. un double caractère : indemnitaire et alimentaire?

C'est ce qui nous reste à examiner. Ce sera l'objet de notre deuxième partie.

# DEUXIÈME PARTIE

---

# Conceptions doctrinales

---

Nous avons déjà eu l'occasion de dire plusieurs fois combien l'on est peu fixé sur le fondement de la pension alimentaire après divorce.

L'art. 301 C. civ., d'un laconisme excessif, ne s'explique pas sur ce fondement. Les quelques règles posées par lui ont cependant promis à deux écoles de jurisconsultes d'élever une théorie. S'appuyant sur certains de ses termes, d'aucuns ont soutenu que la pension de l'art. 301 C. civ. était une pension alimentaire ordinaire, tandis que d'autres, négligeant ce qualificatif d'alimentaire inscrit dans la loi, ne voulaient voir en elle qu'une pension indemnitaire.

Exposer les deux doctrines en présence, montrer qu'elles contiennent chacune une part de vérité. Voilà notre objectif.

# CHAPITRE PREMIER

## La théorie de la pension-secours

Les partisans de cette doctrine sont assez peu nombreux. On peut citer cependant, parmi les auteurs de commentaires du code civil, Demante, Huc et surtout Laurent, et parmi les auteurs de traités spéciaux sur le divorce MM. Carpentier, Poulle et Coulon. Il arrive aussi à des arrêtistes, anonymes parfois, de la soutenir.

Demante écrivait en 1881 : « Le divorce en dissolvant le mariage, détruisait évidemment le devoir mutuel de secours et d'assistance et néanmoins la loi faisait survivre jusqu'à un certain point en faveur de l'époux qui obtenait le divorce le devoir de son conjoint. Il pouvait donc obtenir sur les biens de celui-ci une pension alimentaire. » (1).

Huc distinguait deux obligations alimentaires : « D'abord celle qui a son fondement dans l'article 212, qui est réciproque et limitée seulement par les besoins du créancier et les ressources du débiteur. Cette obligation disparaît par l'effet du divorce. Ensuite l'obligation unilatérale créée par l'article 301 ne pouvant être

_____

(1) Demante. Cours analytique de Droit civil, I, n° 341.

invoquée que par celui qui a obtenu le divorce et seulement dans les limites restreintes fixées par l'article. Mais il importe de remarquer que l'obligation unilatérale créée par l'article 301, quoique tout à fait distincte de l'obligation réciproque ayant son principe dans l'article 212 est cependant un prolongement de cette dernière. C'est parce que le conjoint coupable a commencé à être tenu en vertu de l'article 212 qu'il continue à être tenu dans des limites moins larges  en vertu de l'article 301. » (²).

Laurent répondait à ceux pour qui la pension de l'article 301 était une indemnité : « Le texte dit le contraire. C'est une pension alimentaire que l'article 301 accorde à l'époux innocent, elle a pour objet d'assurer la subsistance de l'époux qui a obtenu le divorce. Il s'agit donc d'aliments et non d'indemnité. » (³).

### Et les arguments abondent sous sa plume

« Si c'était une indemnité, l'époux demandeur y aurait toujours droit, qu'il soit dans le besoin ou non, car le divorce lui cause toujours un préjudice. Cependant, il n'y a pas droit s'il n'est pas dans le besoin. Donc ce n'est pas une indemnité... ,

« Si c'était une indemnité, la créance une fois évaluée entrerait dans le patrimoine de l'époux créancier et il ne pourrait plus en être privé. Cependant, la loi

(2) Huc. Commentaire théorique et pratique de Droit civil, II, 415.
(3) Laurent. Principes de Droit civil français, III, 311.

déclare que la pension est révocable dans le cas où elle cesserait d'être nécessaire. Conçoit-on une indemnité due à raison d'un préjudice qui cesse d'être due quand le créancier n'est plus dans le besoin? La révocabilité de la pension prouve, à l'évidence, qu'il s'agit d'aliments et non d'indemnité. »

Par ailleurs, remarque Laurent, « la quotité de la pension est fixée d'après la fortune des époux. Conçoit-on une indemnité qui ne peut dépasser le tiers des revenus du débiteur, bien que le préjudice soit plus élevé? » Et, en effet, qu'il s'agisse d'une faute contractuelle ou délictuelle, la loi oblige l'auteur d'un dommage à le réparer entièrement.

Il ne semble donc pas qu'il puisse être question d'une action en indemnité, dès l'instant où la condamnation à intervenir comporte un maximum qui ne saurait être dépassé et risque, par conséquent, d'être inférieure au préjudice réellement éprouvé. Qu'on n'objecte pas la réciprocité naturelle de l'obligation alimentaire, formellement exclue de l'article 301. Si la réciprocité est de la nature de la pension alimentaire, elle n'est pas de son essence. La preuve s'en trouve dans l'art. 955 C. civ. relatif aux rapports du donataire et du donateur. (⁴).

Donc, nécessité de l'état de besoin chez le demandeur, caractère provisoire et limitation de la pension au tiers des revenus de l'époux coupable, tout cela prouve qu'il s'agit bien dans l'article 301 C. civ. d'une pension alimentaire et non d'une indemnité.

(4) Coulon. Traité du divorce, V. p. 221.

DE CETTE IDÉE DÉCOULENT DE NOMBREUSES CONSÉQUENCES

I. — *Quant aux conditions à remplir pour obtenir la pension de l'art.* 301 *C. civ·.* — L'époux bénéficiaire du divorce qui sollicite une pension postérieurement à la dissolution du mariage — et encore ce droit ne lui est pas reconnu par tous — doit prouver que ses besoins existaient au moment même où le divorce a été prononcé ou tout au moins au moment où il est devenu définitif.

C'est la propre doctrine de Huc [5]. « Lorsque les juges seront saisis d'une demande en pension alimentaire postérieurement au jugement qui aura prononcé le divorce, ils devront, dit-il, pour apprécier le bien fondé de la demande, se placer au moment où le jugement a été prononcé et vérifier qu'elle était à ce moment la position respective des partis. Il faut qu'à cette date, la subsistance de l'époux qui a obtenu le divorce ne soit assurée ni par ses ressources personnelles, ni par les avantages qui peuvent lui avoir été faits. Par conséquent, la pension alimentaire ne pourrait plus être accordée à l'époux qui la demande si son indigence n'était survenue que postérieurement au divorce. Nous avons dit, ajoute-t-il pour légitimer son opinion, que la créance alimentaire naissant de l'article 301 était en quelque sorte le prolongement de la créance de même nature ayant sa source dans l'article 212, mais pour que ce prolongement puisse être admis, malgré la prononciation du divorce, il faut qu'à ce moment les

(5) **Huc,** *loc. cit.,* II, 418.

besoins du conjoint qui réclame existent. C'est précisément l'existence de ces besoins à cette date qui justifie et explique la continuation dans une mesure restreinte de l'ancienne obligation alimentaire. Or, si à cette date les besoins n'existent pas, il ne peut y avoir continuation ou prolongement de cette ancienne créance. Il s'est produit, suivant l'expression de la Cour de Cassation [6], un changement d'état qui fait évanouir l'obligation alimentaire antérieure. »

Mais l'époux bénéficiaire du divorce est-il donc recevable à former une demande postérieurement à la prononciation du divorce?

Cette question a mis aux prises Laurent et Huc.

Pour Laurent, « c'est lors de l'admission du divorce que le tribunal pourra accorder à l'époux qui a obtenu le divorce une pension alimentaire sur les biens de l'autre époux. Une fois le divorce prononcé, les époux deviennent étrangers l'un à l'autre, ils ne se doivent plus de secours, donc l'époux qui a obtenu le divorce sans faire fixer sa pension alimentaire ne peut plus la réclamer après que le divorce est prononcé. » [7].

On a fait remarquer dans le même sens qu'il serait désirable que tout finît entre époux qui divorcent par le même jugement. C'est à ce moment, notamment, qu'il est le plus opportun d'examiner si la situation de la femme, privée par la faute de son mari des avantages de la vie commune, exige qu'une pension alimentaire lui soit servie. De plus, puisque le mari contre lequel le divorce a été prononcé, si peu intéressant

---

(6) Cass., 24 décembre 1886. S., 1888, I, 433.
(7) Laurent, *op. cit.*, III, 308.

qu'il soit, a le droit de se remarier, il serait utile qu'il fût fixé, dès la prononciation du divorce sur les charges qui peuvent lui incomber en raison de son premier mariage.

Huc, par contre, n'est pas du tout de cet avis et trouve l'argumentation de Laurent fort contestable. « Tant que le divorce n'est pas prononcé, dit-il (8), le demandeur ne peut se prétendre créancier en vertu de l'article 301. On ne peut donc l'obliger sous peine de déchéance, à faire valoir une créance qui n'existe pas encore. Il ne devient, en réalité, créancier que par le fait même du jugement qui prononce le divorce. Or, l'article 301 dit que c'est l'époux qui a obtenu le divorce qui pourra encore obtenir une pension. En demandant cette pension, après que son titre à l'obtenir a été créé, l'époux dont il s'agit ne se place donc en dehors ni de l'esprit ni de la lettre de l'article 301. Donc lui interdire la faculté de réclamer cette pension, postérieurement au jugement qui admet le divorce, ce serait créer une forclusion que le législateur n'a pas prononcée. Tout au plus pourrait-on dire que la demande n'est plus recevable après que le divorce est devenu définitif par la transcription. Mais cela serait encore arbitraire. La loi n'ayant imparti aucun délai pour l'exercice de l'action ayant son fondement dans l'article 301, cette action doit être recevable même après que le divorce est devenu définitif par la transcription du jugement sur les registres de l'état civil. »

(8) Hue, *op. cit.*, II, 417.

II. — Des dissentiments, sur la *variabilité de la pension alimentaire,* s'élèvent encore entre les mêmes jurisconsultes. Huc semble oublier, du reste, dans la discussion que, de son propre avis, la pension de l'article 301 est le prolongement de l'obligation de l'article 212. Il ne veut voir maintenant en elle qu'une indemnité [9] et en tire cette conséquence que « la circonstance que la loi a admis qu'une telle indemnité serait acquittée dans la forme d'une pension alimentaire ne suffit pas pour rendre la quotité de cette pension valable comme celle des aliments ordinaires. »

Laurent est sans conteste plus logique. A cette demande : « La pension alimentaire après divorce doit-elle suivre les mêmes règles que les autres pensions ? La loi, répond-il, ne s'explique que sur la cessation de la pension; elle sera révocable, dit l'article 301, dans le cas où elle cesserait d'être nécessaire. Ce n'est donc pas une créance absolue comme les dettes ordinaires. Si elle cesse avec les besoins, pourquoi ne serait-elle pas variable, pourquoi n'augmenterait-elle pas avec ces mêmes besoins et pourquoi ne diminuerait-elle pas si les besoins diminuent? » [10]. A ceux qui lui objectent que ces modifications ne peuvent s'expliquer après la prononciation du divorce parce qu'alors — comme il le dit lui-même — il n'y a plus aucun lien entre les époux, Laurent reproche une confusion. Quand « aucune pension n'a été fixée lors de l'admission du divorce, alors assurément il ne peut plus y avoir lieu à une action alimentaire, mais dans le cas

(9) Hue, *op. cit.*, II, 420.
(10) Laurent, *op. cit.*, III, 310.

contraire où une pension a été allouée par le tribunal à l'époux bénéficiaire du divorce, il reste un lien entre les époux divorcés, celui de créancier et de débiteur, donc il peut y avoir action du chef des aliments. L'article 301 le dit : l'époux débiteur peut demander la révocation de la pension alimentaire. Cela prouve que la pension conserve sa nature d'aliments, dès lors il faut aussi admettre les conséquences. »

Il faut donc admettre que fixée proportionnellement aux besoins de celui qui la réclame et aux facultés de celui qui la doit, la pension doit être fonction des uns et des autres, s'élevant et diminuant avec eux.

Il faut admettre aussi qu'une fixation conventionnelle de la pension ne saurait remplacer la fixation judiciaire. La transaction n'est pas possible en matière alimentaire. « Il est des droits, disent Aubry et Rau (11), dont le but s'oppose à ce qu'ils deviennent la matière d'une transaction. » Une personne à qui il est dû des aliments en vertu de la loi ne peut transiger sur le droit de les réclamer.

« On ne comprendrait pas, ajoutent Baudry, Lacantinerie et Wahl (12), que l'article 1004 C. proc. civ. interdît le compromis relatif à une dette d'aliments si une transaction pouvait être faite au sujet de cette dette. » Ces réflexions sont incontestablement vraies pour l'obligation alimentaire résultant entre époux de l'art. 212 C. civ. Elles le seront également de la pension alimentaire née de l'art. 301, si cette obligation est un prolongement de la première, si, pour tout dire en un mot, on doit leur reconnaître le même fondement.

(11) Cours de Droit civil, IV, § 420, p. 663.
(12) Des contrats aléatoires, p. 623, n° 1272.

III. — Basée sur la persistance du devoir de secours, la pension de l'art. 301 doit être garantie comme celle qui résulte de l'art. 212 C. civ. *Elle doit être protégée par l'hypothèque légale.*

On a prétendu jadis, il est vrai, qu'on ne saurait attacher cette garantie même à la pension due après une simple séparation de corps « qu'en usant du procédé d'interprétation le plus condamnable, celui qui commente judaïquement les articles de la loi et qui ne voit rien en dehors de leur texte. » (13). D'autres auraient voulu distinguer les droits de la femme contre son mari à raison de ses fonctions de mari et les droits de la femme contre son mari, à raison de sa qualité de mari. Mais aujourd'hui le litige est définitivement tranché et c'est en faveur de l'existence de l'hypothèque légale que se prononcent les auteurs les plus considérables (14).

Cette hypothèque, par ailleurs, doit prendre rang à la date du mariage, puisque la pension alimentaire résulte du fait même du mariage et la femme ne peut ni y renoncer, n'y subroger un tiers, pas plus qu'elle ne peut la céder.

En effet, affectée exclusivement et personnellement aux besoins de celui qui l'a obtenue, la pension elle-même doit être tenue pour incessible. Admettre que le créancier peut valablement renoncer à sa garantie hypothécaire ou en céder le bénéfice serait cependant lui permettre de disposer indirectement d'un droit dont

---

(13) Wahl. Note au Sirey, 1895, II, 26.
(14) Planiol. Traité élémentaire de Droit civil, II, 2821.
    Colin et Capitant. Cours élémentaire de Droit civil français, II, p. 904,

il lui est interdit, dans son propre intérêt, de se priver
directement. Une subrogation consentie par la femme
à son hypothèque légale, en tant qu'elle est attachée à
la sûreté de sa créance alimentaire, devrait donc être
tenue pour nulle.

Protégé par une hypothèque légale indélébile et
remontant à la date même du mariage, au profit de
la femme, le paiement de la pension alimentaire après
divorce doit l'être aussi, pour le mari comme pour
la femme, par la menace *du délit d'abandon de famille*
institué par la loi du 7 février 1924.

Sans doute le texte de cette loi ne tient pour coupable
que « toute personne qui ayant été condamnée, soit en
vertu de la loi du 13 juillet 1907, soit en vertu d'une
ordonnance du président du tribunal ou d'un jugement, à fournir une pension alimentaire à son conjoint », sera volontairement restée plus de trois mois
sans fournir cette pension et peut-être dira-t-on
qu'après le divorce, il n'y a plus de conjoint. Il n'importe, puisque l'obligation dont est tenu le conjoint
divorcé est toute semblable à celle qui pèse sur les
époux. On l'a dit : « Rien ne permet d'admettre que les
termes généraux et précis du texte ne visent que les
dettes alimentaires entre époux dues pendant le mariage ou durant l'instance en divorce et non aussi les
cas où l'époux divorcé et déclaré seul coupable est
condamné à donner une pension alimentaire. » ([15]).

Laurent, mort bien des années avant l'institution du

---

(15) **Attendus de l'arrêt de Colmar, 20 mars 1926. D. Hebd., 1926,**
p. 276,

délit d'abandon de famille, eut sans aucun doute, approuvé cette manière de voir. « La loi accorde une pension alimentaire à l'époux qui a obtenu le divorce, dit-il dans ses Principes de droit civil; elle n'en donne pas à l'époux contre lequel le divorce est prononcé. L'un peut invoquer les droits qui résultent du mariage, il avait droit aux aliments, il le conserve, mais tel que la loi l'organise... » [16]. S'il conserve le droit, il en doit conserver les garanties. Pourquoi l'époux débiteur d'une pension alimentaire, passible du délit d'abandon de famille pour non payement d'une pension au cours d'instance, ne le serait-il pas pour non payement de la pension après divorce, puisque le droit du conjoint créancier est resté le même?

Si l'on admet le principe, l'identité de fondement juridique des articles 212 et 301 C. civ., il faut aussi en admettre les conséquences. C'est d'une logique élémentaire.

C'est en vertu du même raisonnement que, dans le silence de la loi du 14 avril 1924 sur les pensions civiles et militaires, on doit conclure au droit pour l'époux créancier en vertu de l'art. 301 C. civ. de poursuivre le payement de sa pension, même *sur la portion déclarée insaisissable par la loi*. La loi du 27 juillet 1921 a. du reste, formellement donné cette solution pour les « petits salaires et petits traitements » des ouvriers. employés et fonctionnaires.

---

[16] **Principes de Droit civil, III, 308.**

IV. — La conception de la pension après divorce comme une survie du devoir de secours établi entre conjoints par l'art. 212 C. civ. entraîne enfin de graves conséquences relativement aux *modes d'extinction de cette pension.*

1° On doit admettre tout d'abord l'extinction de la pension par le décès de l'époux débiteur. Laurent, du moins, l'affirme avec son habituelle énergie.

A ceux qui lui objectent que la pension alimentaire, accordée sur les biens de l'autre époux, doit passer avec ces biens aux héritiers du débiteur, le grand jurisconsulte rétorque [17] : « Nous demanderons si toute pension alimentaire n'est pas accordée sur les biens de celui qui la doit, par cela même que c'est une dette et que toute dette grève les biens du débiteur. Donc toute pension devrait passer aux héritiers. L'argument est de ceux qui prouvent trop et qui se retournent contre celui qui les fait valoir. Si toute dette alimentaire quoique grevant les biens du débiteur est néanmoins attachée à la personne, pourquoi en serait-il autrement de la pension alimentaire due par l'époux divorcé? Ce que le droit nous dit, la raison le confirme. » Pour le démontrer, Laurent argumente du caractère alimentaire de la pension. « Quel est fondement de la dette alimentaire que la loi impose à l'époux divorcé? C'est qu'il ne peut par sa faute se décharger d'une obligation qui résulte du mariage. C'est donc l'obligation de secours établie par l'art. 212 qui subsiste au profit de l'époux innocent. Mais l'obligation

(17) **Principes de Droit civil, III, 311.**

ne peut avoir plus d'étendue après le divorce qu'elle n'en avait pendant le mariage. La mort met fin aux obligations que le mariage produit, l'époux **survivant** ne peut pas réclamer d'aliments des héritiers du défunt, pourquoi l'époux divorcé aurait-il ce droit? On en chercherait vainement la raison. »

Huc, une fois encore, trouve l'argumentation de Laurent insuffisante : « Quand on parle, en effet, d'une obligation exécutoire sur les biens, remarque-t-il, **alors** surtout qu'il s'agit d'une obligation attachée à la personne, on veut dire simplement que cette obligation est transmissible et que son exécution pourra être exigée des héritiers appelés à recueillir les biens. » [18].

L'observation semble des plus exactes. D'ailleurs, le raisonnement de Laurent ne porte plus aujourd'hui, en France du moins, où, dès le 9 mars 1891, la loi déclarait la succession de l'époux prédécédé tenue d'une dette d'aliments envers le survivant.

2° Basée sur la persistance du devoir de secours, la pension alimentaire accordée à l'époux bénéficiaire du divorce doit s'éteindre, sans conteste, s'il vient à se remarier. En cette occurrence, en effet, il trouve un nouveau débiteur de secours en la personne de **son** second conjoint.

3° Par contre, la pension ne peut s'éteindre par une renonciation, ni directement, ni indirectement, ni pour le tout, ni pour partie. Fondée sur une idée d'humanité, elle intéresse l'ordre public. Elle est, à ce titre, au-dessus et en dehors des conventions des particuliers.

(18) **Commentaire théorique et pratique de Droit civil, II, 421.**

4° La faillite du débiteur la laisse de même intacte, alors même qu'elle n'aurait été allouée à la femme, par exemple, que postérieurement à la déclaration de faillite. La pension dont sera tenu désormais le mari n'est que la continuation et la manifestation d'un devoir qui lui incombait auparavant. Il reste simplement tenu du devoir de secours. La décision prise contre lui est simplement déclarative, elle rétroagit. Par suite, la créance de son conjoint doit être réputée avoir pris naissance avant la faillite. Il est tout naturel qu'elle soit opposable à la masse.

Dans la théorie de la pension secours, enfin, la pension après divorce, à raison de son caractère alimentaire, doit être tenue pour insaisissable et incessible.

Le droit à la pension est lui-même incessible, car la pension est une conséquence des rapports de famille, que la loi règle impérativement, sans que la volonté des particuliers puisse y déroger. De même sont incessibles les arrérages à venir de la pension, qu'il s'agisse d'une cession à titre gratuit ou à titre onéreux.

En cas de cession à titre gratuit, il est bien évident que le créancier de la pension pour s'en dépouiller sans rien recevoir en retour, n'a plus besoin de secours alimentaire, le débiteur pourrait donc demander à être déchargé et le cessionnaire n'aurait rien acquis.

En cas de cession à titre onéreux, il y aurait un prix, peut-être équivalent à la pension, mais en réalité cette somme une fois perçue ne procurerait pas au créancier les mêmes avantages que des arrérages. Il pourrait la dissiper ou la dépenser en une fois et se trouver à nouveau sans ressources. Qu'arriverait-il alors? Devrait-on lui reconnaître le droit de réclamer à nouveau des aliments à son débiteur dont l'obligation ne devrait pas être considérée comme éteinte et décider que le malheureux débiteur sera tenu de payer .à la fois les arrérages de la pension au cessionnaire et une nouvelle pension au créancier?

La possibilité de tels résultats ne permet pas de reconnaître la validité d'une cession de la pension.

Donc, selon la pure théorie de la pension secours et en résumé :

1° La pension ne peut être allouée que pour des besoins existant au jour du jugement de divorce.

2° Elle est garantie par l'hypothèque légale, par la possibilité du délit d'abandon de famille. Son payement peut être poursuivi même sur les biens insaisissables.

3° Elle s'éteint par le nouveau mariage de l'époux créancier, la mort de l'époux débiteur. Elle survit, au contraire, à la faillite de ce dernier.

4° Elle ne peut être ni cédée, ni saisie. Son titulaire, de plus, ne peut pas y renoncer.

# CHAPITRE II

---

## La théorie de la pension-indemnité

---

Certains auteurs — ce sont les plus nombreux — ne peuvent admettre la survivance du devoir de secours à sa cause : le mariage. Pour eux, ce qui est à la base de l'art. 301 C. civ., le fondement de la pension alimentaire après divorce, c'est la notion de préjudice et de réparation.

L'art. 301 ne serait qu'une application de l'article 1382 C. civ.

Toullier l'affirmait déjà (¹). Pour lui, « l'obligation de fournir des aliments n'est plus réciproque entre les époux divorcés qui deviennent étrangers l'un à l'autre; mais la justice ne permet pas que l'époux innocent soit réduit à la misère par les torts de l'époux coupable. La loi accorde des aliments au premier en indemnité du préjudice qu'il souffre ».

(1) Toullier. Le Droit civil français, volume I, 2ᵐᵉ partie, n° 746 (6ᵐᵉ édition).

Arntz, jurisconsulte belge comme Laurent, écrivait de même en 1879 : « Cette pension est révocable dans le-cas où elle cesse d'être nécessaire... Ce n'est pas une dette alimentaire ordinaire, c'est une indemnité due à l'époux innocent par l'époux coupable. » (2).

La même idée a été développée plus récemment dans les traités de droit civil. « Quel est le fondement de l'obligation alimentaire que l'article 301 crée à la charge de l'époux contre lequel le divorce est prononcé ? se demandent MM. Baudry-Lacantinerie et Chauveau (3). Ce ne peut être le devoir de secours établi par l'article 212, car le divorce brise le mariage et met fin aux obligations qu'il engendre. La disposition de l'article 301 a sa source dans le principe consacré par l'article 1382. La pension alimentaire est allouée à l'époux innocent à titre de réparation du préjudice que son conjoint lui a causé en rendant par sa conduite la prononciation du divorce nécessaire. L'époux innocent se trouve privé des ressources sur lesquelles son mariage lui permettait de compter pour vivre et puisqu'il en est privé par la faute de son conjoint, il est juste que celui-ci soit condamné à l'indemniser. »

MM. Colin et Capitant (4) disent de même plus brièvement : « La base de l'article 301 doit être cherchée non dans l'article 212, mais dans le principe de l'article 1382. C'est une base délictuelle. La pension ali-

<hr>

(2) Arntz. Droit civil français, I, p. 296, deuxième édition 1879.
(3) Des personnes, III, n° 289, édition 1900.
(4) Cours élémentaire de Droit civil français, I, p. 367.

méntaire allouée à l'époux sorti vainqueur de l'instance est la réparation du préjudice injustement subi. »

Et, sur ce point, M. Planiol (5) ne pense pas autrement qu'eux. « Ce n'est plus un devoir entre conjoints,
puisqu'il n'y a plus de conjoints, c'est l'obligation de
réparer pécuniairement les conséquences d'un acte
illicite. Cette obligation après le divorce a donc au plus
haut degré le caractère d'une indemnité, elle est destinée à restituer au conjoint pauvre un peu des ressources dont il est désormais privé par la faute de
l'autre. »

LES ARGUMENTS SONT NOMBREUX POUR DÉMONTRER LE
CARACTÈRE INDEMNITAIRE DE LA PENSION APRÈS DIVORCE.

La place de l'art. 301 dans le code d'abord. Cet article figure au titre VI, Livre I, Chapitre III, sous la
rubrique : « Des effets du divorce ». Le droit à pension
alimentaire a donc sa source dans le divorce et non
dans le mariage.

De plus, si l'article 301 reposait sur le même fondement que l'art. 212, il ferait double emploi avec lui et
l'on s'expliquerait mal qu'il ne fasse aucune allusion
à ce texte.

Enfin, il est évident que le fait du divorce peut être
dommageable pour l'époux qui le subit. Si la loi lui
permet de demander à cette occasion une pension alimentaire, c'est certainement pour réparer le préjudice
subi. La pension est donc indemnitaire.

(5) Traité élémentaire de Droit civil, I, n° 1259.

M. Valéry, professeur de droit commercial à l'Uni-
versité de Montpellier, dans une note très intéressante,
développa, jadis, cette idée. « Survienne le divorce,
écrit-il, et non seulement les espérances conçues par
l'époux contraint à solliciter cette mesure s'effondre-
ront, mais encore il se trouvera placé dans une situation souvent pire que celle où il serait s'il ne s'était
point marié. Il aura des enfants dont il devra s'occuper, il lui sera difficile de contracter une nouvelle
union, au moins dans des conditions avantageuses.
Peut-être aura-t-il abandonné pour se marier une position qu'il ne peut plus recouvrer, peut-être aussi son
union lui aura-t-elle fait acquérir une nationalité qui,
une fois le lien matrimonial brisé ne lui est plus qu'une
charge dépourvue de tout avantage; peut-être enfin les
épreuves par où il a eu à passer auront-elles altéré sa
santé. Il est donc juste que son conjoint auteur de tout
ce mal ait à l'en dédommager. Aussi alors que les obligations que le mariage mettait à sa charge cessent avec
le divorce; d'autre part, elles sont immédiatement rem-
placées par l'obligation de réparer le préjudice causé
par leur cessation. Si ce raisonnement est exact, la
dette d'aliments a pour cause la faute de l'époux coupable, elle constitue une application de l'art. 1382. » (6).
Pour M. Valéry, la pension de l'art. 301 est donc indemnitaire, mais il y a plus, il ressort de sa démonstration
que cette pension est la seule indemnité qui puisse être
touchée à la suite d'un divorce.

(6) Note au Dalloz, 1902, II, 25.

Les partisans de la pension-indemnité écartent, par ailleurs, les critiques de l'école adverse.

« Conçoit-on une indemnité qui ne peut dépasser le tiers des revenus du débiteur ? », avait dit Laurent. Assurément, répondent-ils. Ce n'est pas qu'ils nient le sérieux de l'objection, mais ils prétendent trouver dans les travaux préparatoires de quoi y répondre.

Le divorce avait été établi en France par la loi du 20 septembre 1792, aux termes de laquelle, l'époux divorcé dans le besoin, innocent ou coupable, avait droit à une pension alimentaire, si son conjoint était en état de lui venir en aide.

Cette pension, maintenue dans le premier projet de code civil, disparut au contraire du second et du troisième. On voit reparaître l'idée d'une pension alimentaire dans le projet de l'An VII. « L'époux qui obtient le divorce, était-il dit dans le discours préliminaire (7), doit conserver, à titre d'indemnité, quelques-uns des avantages stipulés dans le contrat de mariage. Car nous supposons qu'il ne peut l'obtenir que pour des causes fondées et dès lors son action, en mettant un terme à ses maux, lui ôte pourtant son état et laisse conséquemment un grand préjudice à réparer. Il n'y a point à balancer entre la personne qui a fait prononcer le divorce et celle qui l'a rendu nécessaire. » Et le texte du projet portait : « Si les avantages stipulés ne paraissent pas suffisants pour indemniser l'époux qui a obtenu le divorce. » L'intention d'indemniser l'époux bénéficiaire du divorce était donc évidente.

(7) Rapporté dans Locré « Le Code civil », tome I, p. 289.

Le fait par le législateur d'avoir fixé un maximum
à la pension de l'art. 301 ne prouve point qu'il ait modifié cette intention. La fixation de ce maximum s'explique très aisément. Les interprètes, du moins, le disent.
« L'appréciation du dommage causé par le divorce
n'est pas susceptible d'être faite à l'aide de méthodes
scientifiques et elle laisse forcément une très large part
à l'arbitraire. Il eut été à craindre que jouissant à cet
égard d'une latitude absolue, les juges, cédant à l'im-
pression fâcheuse causée par la conduite de l'époux
coupable ne se laissassent entrainer à mettre à sa
charge une pension si élevée qu'elle aurait constitué
une peine plutôt qu'une indemnité. De là, non seulement une violation des principes du droit et de l'équité,
mais encore un danger économique sérieux, car la personne à laquelle aurait été imposé le payement d'une
indemnité excessive aurait pu s'en trouver ruinée ou
tout au moins découragée de produire et d'économi-
ser. » (8). Une semblable tarification des dommages-
intérêts et la même fixation d'un maximum se retrou-
vent, dans d'autres matières, en matière, par exemple,
de transports internationaux régis par la Convention
de Berne rendue applicable en France par la loi du
29 décembre 1898, et d'accidents du travail réglemen-
tés par la loi du 9 avril 1898. Ces lois contribuent à
démontrer que l'obligation établie par l'article 301 peut
être, malgré le maximum qui lui est imposé, une obligation d'indemnité (9).

« Conçoit-on une indemnité due à raison d'un pré-

(8 et 9) **Valéry, note précitée.**

judice qui cesse d'être due quand le créancier n'est plus dans le besoin », avait ajouté Laurent.

Et pourquoi pas? « Si, comme le suppose l'art. 301, les circonstances changent au point que la pension ne soit plus jugée nécessaire, que la pension puisse être révoquée, cela ne contredit pas son caractère » indemnitaire. « Qu'une indemnité d'un dommage variable soit variable elle-même, cela n'a rien de contradictoire en soi. La loi suppose que la pension peut cesser d'être nécessaire. Elle ne dit pas pour quelle cause: elle laisse toute latitude à la justice pour apprécier les circonstances... La charge peut s'alléger ou disparaître... Cette chance heureuse, très rare en fait, peut motiver une révocation ou une diminution de la pension allouée. Nous ne quittons pas le terrain du préjudice à réparer; nous proportionnons la réparation au dommage. » (10).

LES CONSÉQUENCES DÉCOULENT NOMBREUSES DE CE PRINCIPE QUE LA PENSION ALIMENTAIRE APRÈS DIVORCE DOIT ÊTRE REGARDÉE COMME UNE INDEMNITÉ.

I. — *Quant aux conditions à remplir pour obtenir la pension de l'article 301 C. civ.,* on admet généralement dans cette école que, pour allouer une pension, le juge peut tenir compte de faits postérieurs au divorce. Le simple préjudice, dit-on, suffit à justifier l'application de l'article 1382 C. civ.

Dans le silence de la loi, l'interprète n'a pas le droit

(10) Labbé, note au Sirey, 1893, I, 225.

d'exiger que le dommage se soit manifesté à une époque déterminée ; dans tous les cas, et à quelque moment qu'il se produise, l'époux bénéficiaire du divorce est donc fondé à demander une pension alimentaire.

Ainsi que le disent MM. Baudry-Lacantinerie et Chauveau [11], « pour que les dommages et intérêts soient dus, il suffit que ce préjudice existe, la loi n'exige pas qu'il se soit manifesté à une époque déterminée ».

On a même prétendu tirer cette solution de l'article 301. Appliquant, semble-t-il, le principe général de l'article 208, « les aliments ne sont accordés que dans la proportion du besoin de celui qui les réclame », il déclare la pension révocable dans le cas où elle cesserait d'être nécessaire, « ne faut-il donc pas en conclure que l'obligation de l'article 301, comme c'est la règle pour toutes les obligations alimentaires, varie suivant la situation du créancier et du débiteur, naissant, disparaissant, se modifiant selon les vicissitudes de la fortune de chacun d'eux? Elle est donc fonction et des revenus du débiteur et des besoins du créancier. Si l'un des termes de ce rapport est réduit à zéro, ses effets sont suspendus ; ils se réalisent, au contraire, dès que les divers éléments nécessaires à leur existence se trouvent réunis. Par conséquent, comme une obligation ne peut être exercée avant l'avénement de la condition d'où dépend son efficacité, l'on ne saurait reprocher à l'époux qui a obtenu le divorce de n'avoir pas demandé immédiatement une pension, il ne pouvait le faire tant

(11) Des personnes, III, 291.

qu'il n'était pas dans le besoin, mais il doit pouvoir le faire au moment, quel qu'il soit, où ses ressources deviennent insuffisantes (12) ».

D'importants dissentiments se sont cependant produits, tels ceux de MM. Planiol, Colin et Capitant.

Si l'époux tombe dans le besoin postérieurement au jugement de divorce, disent ces derniers, « la cause de son dénûment n'est plus le divorce, et on ne concevrait pas que son ancien époux fut condamné à lui fournir des aliments (13) ».

De Loynes a fait remarquer de même qu'aux termes de l'article 301, comme de l'article 1382, le dommage doit être la conséquence directe du fait illicite et du divorce dont il a entraîné la prononciation pour que réparation en soit due. « Or, dans l'hypothèse, il n'en est pas ainsi. Le préjudice n'est pas la conséquence directe du divorce puisqu'il n'existait pas au jour du jugement, il est la conséquence d'événements postérieurs, peut-être même d'une mauvaise administration, voire même d'un accident. Le principe de l'article 1382, qui domine et complète l'article 301, n'en permet pas l'application à ce cas (14). »

En tout cas — dans l'hypothèse où la cause des besoins existait au moment de la dissolution du mariage — les auteurs, que ne hante pas l'idée de la pension-secours, reconnaissent unanimement la possibilité de demander des aliments par un jugement postérieur au divorce.

(12) Note au Dalloz, 1902, II, 26.
(13) Cours élémentaire de Droit civil français, I, p. 367.
(14) Note au Dalloz, 1908, II, 298.

L'article 301 C. civ. n'assigne aucun délai pour l'introduction de la demande en pension alimentaire. Pourquoi ajouter arbitrairement une disposition à la loi ? Une déchéance est une mesure rigoureuse ; il n'appartient pas au juge de l'établir. On ne saurait donc, par exemple, repousser comme tardive une demande en pension alimentaire formée quelques jours après la transcription sur les registres de l'état civil qui rend le divorce irrévocable.

II.— S'agit-il de la *fixation conventionnelle de la pension alimentaire après divorce,* de la possibilité d'une transaction ? Ces opérations sont, sans contredit, jugées valables.

Qu'on ne dise point ici que la dette alimentaire résulte de la loi, qu'elle a un caractère d'ordre public et ne saurait donc pas plus supporter de transaction que de compromis. Cela est vrai des dettes alimentaires réglementées par les articles 205 et seq. C. civ., mais non de la pension après divorce, puisque cette dernière ne résulte pas de la loi, mais d'un quasi-délit. Et, en effet, tandis que les articles 212 et seq. C. civ. tracent aux époux leurs devoirs réciproques, qui naissent avec le mariage et cessent avec lui, l'article 301 prévoit le cas où ces devoirs ont été méconnus par l'un des époux, et la pension dont il lui impose l'obligation envers son conjoint est une réparation du préjudice souffert par celui-ci de l'oubli de ses devoirs.

Pas plus que la pension après divorce ne résulte de la loi, elle n'a un caractère d'ordre public. « Si l'ordre public exige que des personnes unies par les liens de

parenté ou de mariage ne laissent pas leurs parents ou
leur conjoint sans moyen d'existence, il n'y a pas de
raison d'intervenir entre deux personnes que la dissolution du lien conjugal a fait étrangères l'une à l'autre (15). » La rédaction de la loi est d'ailleurs démons-
trative à cet égard. Tandis que l'article 212 crée par ses
termes une obligation alimentaire entre époux, l'article 301, au contraire, dispose simplement que le tribunal pourra accorder une pension à l'époux bénéficiaire
du divorce. C'est donc une faculté pour les juges. L'ordre public ne saurait cependant être facultatif, et l'on
ne voit pas pourquoi la transaction ne serait pas permise sur un droit qui naît du préjudice causé.

En tous cas, que la pension ait été fixée par la justice
ou par les parties, elle constitue une dette personnelle.
Elle grève donc exclusivement celui qui la doit. « Son
payement ne saurait être considéré comme une avance
imputable sur ce qui reviendra, d'après la liquidation,
à l'époux à qui elle a été attribuée. » Admis le caractère indemnitaire, « la solution contraire serait en op-
position avec le bon sens et les notions de la justice la
plus élémentaire, car elle mettrait, au moins en partie
et peut-être pour le tout, à la charge de l'époux innocent le payement de l'indemnité à laquelle il a droit : le
débiteur pourrait ainsi se trouver libéré sans avoir fait
aucun déboursé ou ne supporterait qu'en partie le payement de la pension qu'il a été condamné à servir (16) ».
Cela ne saurait faire de doute pour la pension alimen-

(15) **Rapport du conseiller Denis.** D. 1904, I, 38.
(16) **De Loynes,** note au Dalloz, 1911, I, 25.

taire allouée par le jugement de divorce pour être servie postérieurement à ce jugement.

Mais des hypothèses plus compliquées se présentent parfois, témoin l'espèce soumise à la Cour de cassation en 1909 (17).

Un jugement prononçant le divorce entre deux époux au profit de la femme avait, on s'en souvient, condamné le mari à payer une pension alimentaire, avec cette double précision : qu'elle devrait être considérée comme due à compter du jour de la demande et non de la dissolution et qu'elle prendrait fin à l'issue de la liquidation du régime matrimonial. La Cour suprême refusa de casser cette décision. Est-elle donc conciliable avec le caractère indemnitaire de la pension ? On en pourrait douter. « Si l'obligation du mari a pour cause le préjudice causé à la femme par la dissolution, comment comprendre qu'elle s'étende rétroactivement à une période où cette dissolution n'était pas encore réalisée ? Et, d'autre part, comment peut-on lui imposer pour terme la fin de la liquidation, alors que la dissolution du mariage prolonge ses effets bien au delà ? » M. Gaudemet, qui présente ces objections, semble les avoir lui-même admirablement réfutées. « Admettons, écrit-il (18), le caractère indemnitaire de la pension. Il est bien facile de montrer d'abord que cette idée n'a rien de contradictoire avec la rétroactivité de l'obligation du jour de la demande... Nous justifierons la rétroactivité au jour de la demande par la simple considération **de l'objet tout spécial** de l'indemnité allouée à la

(17) *Supra,* p. 72.
(18) Note au Sirey, 1912, I, 314.

femme. Le préjudice pécuniaire qu'il s'agit de réparer résulte, en effet, de la rupture de la vie commune, qui oblige la femme à subvenir seule à des dépenses d'entretien auxquelles étaient affectés tous les biens placés sous l'administration du mari. Or, l'existence du préjudice ainsi entendu se conçoit, non seulement depuis le divorce prononcé, mais dès le jour de la demande et pendant toute la durée de l'instance. Le jugement de divorce peut donc légitimement reporter au début du procès le point de départ de la pension sans que celle-ci perde pour autant son caractère indemnitaire et se rapproche en rien, par sa nature juridique, de la provision fondée sur le devoir de secours.

Quant au terme extinctif fixé à l'issue de la liquidation, on peut le justifier par des considérations analogues. En effet, la situation précaire faite à la femme par la rupture de la vie commune cessera si la liquidation lui apporte des ressources qui assurent son entretien sans lui imposer pécuniairement aucune déchéance. Le jugement de divorce peut par avance prévoir ce résultat ; et, dès lors, en limitant l'obligation du mari, il ne fait que mesurer à l'étendue du préjudice l'étendue de la réparation ».

La simple fixation de limites au versement de la pension alimentaire ne saurait donc permettre de nier son caractère indemnitaire.

III. — Le caractère indemnitaire de la pension après divorce doit conduire, au contraire, à nier pour elle *l'existence de garanties spéciales,* et tout d'abord et de *l'hypothèque légale.*

La pension, en effet, n'est pas une conséquence du mariage, de l'état d'époux. Elle est une réparation pécuniaire due, en vertu de l'article 1382 C. civ., au même titre qu'une indemnité payée, par exemple, par le mari à la femme pour des violences exercées sur sa personne. On ne conçoit donc pas l'existence de l'hypothèque légale : la fortune de la femme et son patrimoine sont choses bien distinctes de ce nouvel ordre d'idées.

D'ailleurs, autant on comprend l'existence de l'hypothèque légale pour une créance ferme, irrévocable, autant on se l'expliquerait mal en matière de pension alimentaire. La pension est variable. Elle peut disparaître complètement si le créancier n'est plus dans le besoin, disparaître de même ou, tout au moins, être réduite si le débiteur n'est plus en état de la payer ou de la payer intégralement. Or, « la protéger par une hypothèque légale, c'est toujours la faire porter, non pas sur la fortune actuelle du mari, mais sur la fortune qu'il avait au jour du mariage puisque les créanciers postérieurs à cette date ne pourront prendre les biens du mari que grevés de cette hypothèque et que la femme touchera quelque chose même si le mari n'a plus rien et au détriment de ses créanciers ».

Il y a plus, accorder ici une hypothèque légale à la femme, ce serait, dans bien des cas, aller à l'encontre des dispositions du Code civil.

« La pension peut être demandée même après le divorce prononcé. S'il s'est écoulé plus d'un an depuis le divorce, la femme divorcée ne peut plus inscrire son hypothèque légale pour lui attribuer son rang à dater du mariage (article 8 de la loi du 23 mai 1855). Si la

femme obtient sa pension cette année écoulée, lui don-
nera-t-on une hypothèque légale qui prendra rang à sa
date d'inscription ? Mais alors c'est une hypothèque
légale que l'on crée en faveur d'une femme qui n'est
plus mariée et parce qu'elle l'a été. Est-ce possible ?
Nous ne le croyons pas. Et cependant, l'article 301 C.
civ. ne distingue pas entre la pension obtenue au moment de la prononciation du divorce et celle obtenue
postérieurement, et si la créance qu'il donne est munie
d'un hypothèque légale, elle doit l'être dans les deux
cas ; s'il est un cas où l'hypothèque légale ne peut pas
naître, c'est qu'elle n'est point faite pour cela [19]. »

Si, jugeant ces arguments sans valeur, on se décide
en faveur de l'existence de l'hypothèque légale, on doit
reconnaître, tout au moins, que cette hypothèque est
sans utilité.

Créée par le jugement de condamnation, non pas déclaratif d'un droit préexistant, mais constitutif d'un
droit nouveau, la créance de la femme n'est pas une
conséquence directe du mariage. L'hypothèque ne peut
prendre rang qu'au jour du jugement. Son rang se con-
fond donc avec celui de l'hypothèque judiciaire née du
jugement de condamnation.

On doit admettre aussi que cette hypothèque n'est
pas indélébile. La femme doit pouvoir y subroger un
tiers.

L'école adverse soutient, il est vrai, que renoncer à la

(19) César-Bru. Note au Dalloz, 1898, II, 106.

garantie du droit revient à renoncer au droit lui-même. Cela serait vrai, lui répond-on, si l'hypothèque était inséparable de la créance, si, en subrogeant un créancier à son hypothèque légale, la femme transmettait sa créance elle-même. Il n'en est rien.

La femme qui consent une subrogation transfère seulement son hypothèque. Cette hypothèque est détachée de l'ancienne créance « pour être attachée à une autre, tout en restant subordonnée à l'existence de la créance primitive à laquelle elle ne survivrait pas si celle-ci venait à s'éteindre ».

La subrogation à l'hypothèque légale ne fait donc pas perdre à la femme son droit éventuel à la pension alimentaire, elle reste créancière de son mari et même créancière hypothécaire, puisqu'elle peut se prévaloir de l'hypothèque judiciaire, née à son profit du jugement. Elle ne peut seulement plus invoquer son hypothèque légale pour se faire payer de préférence au subrogé.

Et ce qui est vrai de la subrogation consentie à un créancier, l'est, de même et « *a fortiori* », de la simple renonciation abdicative consentie à un acquéreur. Cette renonciation vaut purge. Si elle fait disparaître le droit de suite, elle laisse subsister le droit de préférence sur le prix de l'immeuble. Le droit du créancier subit, sans doute, une restriction, mais on aurait abouti au même résultat si l'acquéreur avait effectué la purge. La renonciation ne fait, en somme, que dispenser le créancier des formalités et des frais de cette jurisprudence. On ne voit pas pourquoi elle serait interdite à la femme qui, de toute façon, ne pourrait empêcher le résultat auquel elle aboutit [20].

On doit cependant noter une différence entre les deux hypothèses. En cas de purge, la femme peut surenchérir ; si elle renonce à son hypothèque, elle accepte le prix tel qu'il a été fixé à l'amiable entre le mari et et l'acheteur. Elle abandonne donc, dans cette mesure, la garantie qu'elle tient de la loi. Mais est-ce une raison suffisante pour lui interdire la renonciation, alors que si elle s'abstenait de surenchérir, elle perdrait également son hypothèque légale ?

Un argument, d'ailleurs, dispense de tous les autres. Pourquoi la femme ne pourrait-elle pas subroger un tiers à son hypothèque légale ou renoncer à cette garantie, puisqu'elle pourrait renoncer à sa pension elle-même ou la céder. La renonciation à une indemnité, ou sa cession, n'intéresse, en effet, pas l'ordre public !

Une poursuite pour *abandon de famille* ne saurait sanctionner le non-payement de la pension de l'article 301 C. civ.

La loi du 7 février 1924 s'applique assurément aux pensions alimentaires allouées à l'un des époux au cours d'une instance en divorce ou en séparation de corps et même après séparation de corps. Dans toutes ces hypothèses, subsiste l'obligation alimentaire établie entre conjoints par l'article 212 C. civ.

La pension servie après divorce n'est plus, au contraire, l'exécution d'une obligation entre époux. Elle

(20) M. Audinet, note au Sirey, 1923, I, 354.

n'est qu'un mode particulier de réparation du préjudice causé. D'ailleurs, après le divorce, il n'y a plus de conjoints et il n'y a plus de famille. Seuls subsistent désormais les rapports de filiation entre les ex-époux et leurs enfants communs. Il n'y a plus de communauté de vie, plus de lien personnel entre les époux, plus de droit de succession, même au profit de l'époux innocent. C'est, pour l'avenir, la grande séparation, « on ne peut donc plus dire qu'en refusant de payer la pension à laquelle il a été condamné au profit de son co-époux, le débiteur abandonne sa famille. Cette famille n'existe plus (21) ».

En partant du caractère indemnitaire de la pension après divorce, on ne saurait, enfin, reconnaître à l'époux créancier le droit d'en poursuivre le payement, même sur la *portion insaisissable des biens de l'époux débiteur*. Il faut bien s'incliner, certes, devant la loi du 27 juillet 1921, sur les petits salaires et traitements des ouvriers, employés et fonctionnaires, dont l'article 63 prévoit expressément que les limitations ne sont pas opposables aux créanciers agissant en vertu de l'article 301 C. civ., mais, dans le silence de la loi du 14 avril 1924, sur les pensions civiles et militaires, le créancier de la pension ne doit être déclaré recevable à en poursuivre le payement que sur la quotité saisissable ordinaire.

IV. — La théorie de la pension-indemnité n'est pas sans conséquence dans le domaine des *modes d'extinction de la pension*.

(21) M. Rouast, note au Dalloz, 1926, II, 97.

1° Si la pension de l'article 301 est une inde*mnité*, les héritiers du débiteur doivent en être tenus, semble- -t-il, comme lui-même.

L'opinion de MM. Baudry-Lacantinerie et Chauveau, qui se prononcent en sens contraire, est isolée. Huc, de son côté, partisan de la pension-secours, tenait pour la transmissibilité passive de l'obligation. Des dissentiments existent donc dans chaque école; preuve peut-être que ni l'une ni l'autre n'a entrevu toute la vérité.

Ne pourrait-on pas dire, toutefois, que si la pension accordée à l'époux innocent est une indemnité destinée à réparer le préjudice né pour lui de la rupture prématurée du mariage, elle ne devrait pas avoir une durée plus longue que celle de ce préjudice et devrait cesser au jour du décès de l'époux débiteur.

En effet, si le divorce n'avait pas été prononcé, le mariage se serait dissous au moment de cette mort. L'époux survivant aurait alors perdu la jouissance des revenus de son conjoint.

L'argument était autrefois très gênant. Il ne l'est plus depuis la loi du 9 mars 1891. En vertu de cette loi, le conjoint survivant possède un droit d'usufruit. Dès lors, si le divorce n'était pas survenu, l'époux innocent aurait obtenu, d'une façon à peu près certaine, la jouissance viagère d'une partie notable des revenus de son conjoint. Lui accorder une pension capable de survivre à ce dernier, c'est donc mesurer exactement la réparation à l'étendue du préjudice.

Il résulte, d'ailleurs, du caractère indemnitaire de la pension, qu'elle ne peut être, après le décès du débiteur, portée à un chiffre supérieur à celui qu'elle atteignait de son vivant. « S'agissant d'une indemnité, son montant ne peut dépasser l'étendue du préjudice subi ; or, le divorce a bien privé l'époux survivant de la jouissance des revenus de son conjoint, mais non de la jouissance des revenus propres aux héritiers de celui-ci, sur lesquels il n'a jamais pu compter. Il serait donc tout a fait injuste de le faire profiter de la circonstance que son conjoint a laissé des héritiers riches. La loi fait assez en sa faveur en lui maintenant jusqu'au moment de son décès la jouissance partielle des revenus de son conjoint (22) ».

2° La pension survit à la faillite du débiteur, alors même que la décision judiciaire accordant une pension alimentaire n'aurait acquis l'autorité de la chose jugée que postérieurement à la déclaration de faillite.

Si l'école de la pension-indemnité se prononce ici dans le même sens que l'école de la pension-secours, c'est en vertu d'un raisonnement moins simple.

Selon l'opinion la plus générale, en effet, le failli est, du chef même du jugement déclaratif, dessaisi de l'administration de ses biens. Aucune dette ne peut naître au regard de la masse des actes qu'il réalise dans la suite, non seulement de ses engagements contractuels, mais encore de ses délits et quasi-délits (23).

Il convient donc de rechercher si la dette alimentaire, mise à la charge du failli par un jugement postérieur

(22) Planiol. Note au Dalloz, 1903, I, 593.
(23) Lyon-Caen et Renault. Traité de Droit commercial, 2ᵐᵉ édition, VII, n° 210.
Thaller. Traité élémentaire de Droit commercial, 2ᵐᵉ édition, n° 1794.

au jugement de faillite procède d'un fait antérieur à la déclaration de faillite et dont l'autorité judiciaire a simplement pour mission de constater la préexistence. Cela revient à se demander si le droit à une indemnité à raison d'un délit existe seulement du jour du jugement condamnant l'auteur du délit au payement de cette indemnité ou si celle-ci ne remonte pas au moment où a été commis l'acte dommageable ?

Si l'on admet que la créance née d'un délit n'existe qu'à dater de sa constatation par l'autorité judiciaire, on ne saurait permettre à la femme de figurer dans la faillite de son mari comme créancière d'une pension à elle allouée postérieurement au jugement déclaratif de faillite. Cette conception ne semble pas la bonne.

Il paraît juridiquement meilleur de soutenir que « lorsque les magistrats condamnent l'auteur d'une faute délictuelle à indemniser celui auquel il a été causé un préjudice, ils ne font que constater la préexistence de cette faute et celle de l'obligation qui en dérive ; en même temps, ils fixent la quotité de l'indemnité ; donc, leur décision rétroagit et la réparation doit être considérée comme ayant été due dès le jour où le délit a été commis [24] ». Donc, lorsque le juge prononce un divorce et condamne l'époux coupable à verser au conjoint innocent une pension alimentaire dans les termes de l'article 301 C. civ., il constate simplement la faute du premier contre le second et en déduit les conséquences juridiques qu'elle comporte.

(24) Levillain. Note au Dalloz, 1905, II, 282 (2<sup>me</sup> colonne, § 5).

3° Au cas de nouveau mariage de l'époux créancier, il ne doit y avoir ni survie, ni extinction automatique de la pension. Il convient, dans chaque cas, d'examiner les circonstances de fait. Peu importe que l'époux remarié ait trouvé en son second conjoint un nouveau débiteur de secours. Le nouveau mariage ne répare pas nécessairement le préjudice causé par la dissolution du premier. Le second conjoint peut être sans ressources. Dans cette hypothèse, on ne comprendrait pas que la pension cessât d'être allouée. Arntz, il est vrai, déclare, sans distinctions, que la pension doit s'éteindre lorsque l'époux bénéficiaire vient à contracter un nouveau mariage, mais, le fait est digne de remarque, une disposition ajoutée au projet par la section de législation du Tribunat et tendant à supprimer de plein droit la pension en cette occurrence fut rejetée.

4° L'époux peut renoncer à sa pension ou la céder, et cette pension n'est pas protégée par la règle de l'insaisissabilité édictée par l'article 582 C. proc. civ.; c'est une conséquence de son caractère indemnitaire. Il n'y a, d'ailleurs, rien là que de très logique : dans la fixation du montant de la pension, on tient compte de la situation sociale du demandeur, la pension peut aller, en définitive, bien au delà des simples aliments.

Telles sont les conséquences logiques de la théorie indemnitaire de la pension après divorce. Cette théorie recueille présentement de nombreux suffrages. Elle est enseignée, assez ordinairement, dans les Facultés.

## CHAPITRE III

---

# Théorie éclectique et justification partielle de la Jurisprudence

---

Si l'on rapproche la jurisprudence des deux théories doctrinales de la pension après divorce, on ne peut manquer de trouver son attitude singulière. Cours et tribunaux semblent se soucier assez peu de la logique et des principes. Des vues qu'ils adoptent, les unes découlent du caractère alimentaire de la pension, les autres de son caractère indemnitaire.

Cet éclectisme peut s'expliquer sans doute, en partie, par les nécessités de la pratique. Ne serait-il pas né cependant plutôt de l'insuffisance relative des deux théories en présence, chaque école ayant entrevu une partie de la vérité, mais une partie seulement, si bien que la vérité toute entière résulterait de leur fusion, la pension de l'article 301 étant indemnitaire au fond, alimentaire en la forme, indemnitaire du point de vue de sa cause, alimentaire du point de vue de son objet ?

Certains l'ont pensé, il y a déjà de nombreuses années, tel Labbé. Le grand jurisconsulte semble même
pouvoir revendiquer ici un droit de paternité.

Dans une note magistrale, il exposait d'abord le caractère dommageable du divorce pour l'époux innocent.

« La dissolution du mariage, écrivait-il (1), ne ter-
mine pas absolument les effets du mariage, il ne serait
pas juste que les fautes d'un époux le libérassent
complètement des obligations qu'il avait contractées
envers son conjoint. Le divorce ressemble à une résolution du contrat pour inexécution par la faute d'une
partie. Mais dans ce contrat, qui embrasse la vie toute
entière, il est bien plus impossible que dans un contrat
purement pécuniaire que la résolution soit conduite de
façon à réaliser une parfaite « *restitutio in integrum* ».

A la suite de cette tentative avortée, un époux laisse
aux épines de la route des lambeaux de sa chair.
L'époux qui a fait manquer la tentative, l'effort tenté
vers le bonheur a encouru une responsabilité. Les torts
d'un des époux envers l'autre peuvent laisser des traces
et provoquer une réparation qui survive au mariage. »

Les suites du mariage dissous sont, en effet, inégales
pour chacun des deux époux. « L'un a observé en tout
le contrat ; par sa fidélité, par son humeur égale, son
caractère facile, il s'est évertué à introduire la félicité
dans le ménage. L'autre a troublé la paix domestique
par ses désordres, l'injurieuse inconstance de son humeur, les vivacités ou les violences de son caractère.

(1) Note au Sirey, 1893, I, 225.

L'épreuve a échoué. La vie commune a été reconnue insupportable. La séparation, puis le divorce a été prononcé au profit d'un époux contre l'autre. Les époux seront traités inégalement comme ils ont agi diversement. L'un a consumé plusieurs années de sa vie dans un effort ingrat pour conquérir l'affection de son conjoint. Il a vu s'évanouir ses espérances de position et de fortune. L'exécution des avantages stipulés en sa faveur au contrat de mariage ne lui offre peut-être qu'une satisfaction incomplète. Il aura, peut-être, en récompense de la régularité de sa vie, la charge honorable, mais onéreuse, de l'éducation des enfants du mariage. Pour ces divers motifs, la loi trouve équitable et permet l'allocation à son profit d'une pension dite alimentaire contre l'époux qui, par ses torts injustifiables, a causé la rupture définitive de l'union contractée. Telle est la disposition de l'article 301 C. civ. »

Et, passant au fondement de cet article, Labbé continuait: « L'art. 301 se rattache par plusieurs côtés à l'article 212 ; cela n'est pas contestable. Il fait durer, après le mariage, les effets d'obligations dont le germe est dans le mariage même, dont est libéré l'époux innocent, dont reste tenu l'époux coupable... Il ne faut pourtant pas nier que l'article 301 se rattache aussi et en partie à l'article 1382, à l'idée d'une réparation due à l'époux qui, sans avoir rien à se reprocher, uniquement à cause des écarts de conduite ou des fautes de caractère de son conjoint, sort du mariage dissous, plus âgé, désillusionné de ses rêves de félicité conjugale, privé des avantages moraux ou pécuniaires que le mariage lui faisait espérer, ou insuffisamment indemnisé de cette privation par les clauses de son contrat, supportant même des charges nouvelles par la naissance d'enfants dont la garde lui est confiée. Il est lésé par la faute d'autrui : il a perdu ce que le mariage lui promettait : une indemnité lui est due. »

Cette pensée de réparation et d'indemnité, est rendue présente à l'esprit par la rédaction même de l'article 301 : « Si les époux ne s'étaient fait aucun avantage, ou si ceux stipulés ne paraissent pas suffisants (suffisants ou insuffisants à quel point de vue ? pour compenser le dommage éprouvé par l'époux qui a obtenu le divorce)... »

Le conseiller Denis disait de même devant la Cour de cassation : « La créance qui résultait de l'article 212 était alimentaire ; celle qui avait son origine dans l'article 301 était alimentaire aussi, mais la première prenait sa source dans une obligation d'assistance, la seconde dans une obligation d'indemnité (2). »

Dire que la pension après divorce qu'elle est purement indemnitaire, c'est méconnaître une partie de la vérité et ne point prêter une attention suffisante à la réglementation posée par l'article 301. Des dispositions de cet article, il en est une qui cadre avec l'idée de secours, d'aliments, de besoins et non pas avec l'idée de préjudice à réparer, de faute commise engageant la responsabilité d'une personne. C'est celle qui limite le montant de la pension au tiers des revenus de l'époux débiteur. Quand il s'agit d'une faute à réparer, la situa-

___

(2) **Rapport au Sirey, 1893, I, 227.**

tion de fortune du coupable n'est pas à considérer dans la fixation du montant des dommages-intérêts.

Suivant le mot de Labbé : « L'article 301 se rattache par plusieurs côtés à l'article 212. » « C'est pour cela que la pension à laquelle a droit l'époux innocent est qualifiée par le texte de pension alimentaire. C'est pour cela qu'elle est proportionnée aux besoins de cet époux, au lieu de l'être à l'importance du préjudice qu'il subit. C'est pour cela encore que, quels que soient ces besoins, la pension ne pourra jamais excéder le tiers des revenus de l'époux coupable (3). »

Ces conséquences ne peuvent évidemment se concilier avec « l'idée d'une réparation ordinaire, d'une indemnité proprement dite. La vérité est que si l'obligation de l'article 301 dérive de la rupture du mariage, tandis que celle de l'article 212 dérive de l'existence du mariage, elle n'en conserve pas moins, dans son objet, un caractère alimentaire. Il s'agit dans les deux cas d'une dette d'aliments, encore que la cause efficiente de cette dette soit différente (4) ».

Aubry et Rau ont, eux aussi, repoussé la théorie purement indemnitaire de la pension après divorce.

« Beaucoup de jurisconsultes, lit-on dans leur traité de droit civil français, ne voient dans la disposition de l'article 301 qu'une application du principe général de l'article 1382... Cette doctrine ne nous semble que partiellement exacte (5). »

Et, tout dernièrement, M. Ripert a repris leur manière de voir : « Il est très généralement affirmé dans la doc-

(3 et 4) Naquet, note au Sirey, 1905, I, 9.
(5) Aubry et Rau. Droit civil français. VII. § 480, note 32,

trine, dit-il, que la pension allouée en vertu de l'article 301 C. civ. est basée sur le principe général de la
responsabilité civile posé par l'article 1382 et a, par
conséquent, un caractère indemnitaire. Elle ne saurait
être, dit-on, l'exécution de l'obligation alimentaire existant entre les époux aux termes de l'article 212 C. civ.,
puisque tout bien disparaît entre les époux divorcés.
Elle ne peut donc s'expliquer que par le désir de réparer le préjudice causé par le divorce, et c'est pourquoi
la loi ne permet de condamnation que contre l'époux
coupable. »

« Cette explication... n'est pas inexacte, mais elle ne
paraît pas suffisamment nuancée. »

«... Le fondement de la condamnation prononcée est
bien le grand principe de la responsabilité civile, mais
la nature de la réparation a ici un caractère spécial. La
réparation du préjudice causé n'est pas assurée par l'octroi d'une somme d'argent en capital à titre de dommages-intérêts, mais bien par l'octroi d'une pension, et
cette pension elle-même a un caractère particulier, c'est
une pension alimentaire (6). » En un mot, la « pension
prononcée au cas de divorce est une pension alimentaire à base indemnitaire ».

Nous croyons, avec tous ces jurisconsultes: Labbé,
Naquet, Aubry et Rau et M. Ripert, que là est la vérité.
Nos arguments sont les leurs. Nous avons transcrit
leurs pages les plus caractéristiques; nous pourrions,
semble-t-il, nous dispenser de justifier notre opinion.

(6) D. Hebd., 16 juin 1927. Chronique.

Dans un but de clarté, nous reprendrons cependant, très rapidement, L'EXPOSÉ DES PREUVES.

1° La pension après divorce est à base indemnitaire, ou, si l'on veut, indemnitaire au fond et quant à sa cause, parce qu'elle a pour but de réparer le préjudice causé à l'époux innocent par la rupture inopinée du lien conjugal. Reste à savoir si elle est la seule indemnité qui puisse être accordée au conjoint innocent en suite du divorce ?

2° La pension après divorce est une pension alimentaire en la forme, ou, si l'on préfère, alimentaire du point de vue de son objet, car :

Elle n'existe que si le créancier est dans le besoin, le débiteur en état de payer ;

Elle est variable en proportion de ces besoins et de ces ressources ;

Elle ne peut dépasser le maximum du tiers des revenus de l'époux coupable, fixé par l'article 301 C. civ.

AVEC CETTE THÉORIE DE LA PENSION ALIMENTAIRE INDEMNITAIRE, NOMBRE DE SOLUTIONS JURISPRUDENTIELLES S'EXPLIQUENT TRÈS AISÉMENT.

La jurisprudence dit impossible de tenir compte, pour l'allocation d'une pension alimentaire, des *besoins nés postérieurement au divorce,* si, du moins, leur cause ne s'était pas manifestée au moment de la dissolution du mariage. Cette solution ne saurait faire de doute.

Wahl, à la vérité, se prononçait, jadis, en sens contraire. Pour lui, quel que fût le fondement de la pension de l'article 301, l'époux aurait dû toujours être recevable à agir en raison de besoins postérieurs au divorce. « Si la pension est une indemnité, cette indemnité est la réparation du préjudice matériel que la dissolution du mariage a fait subir à l'époux au profit duquel le divorce a été prononcé; que ce préjudice soit immédiat ou non, il est, en tous cas, la conséquence de la faute de l'époux contre lequel le divorce a été prononcé; il y a donc lien, entre la faute et le préjudice qui constitue le fondement et le fondement unique d'une allocation de dommages-intérêts en vertu de l'article 1382.

« Si la pension est un prolongement du devoir d'assistance et si l'époux a le droit de réclamer une situation pécuniaire analogue à celle qui lui aurait appartenu en cas de persistance de l'union conjugale, la solution ne se justifie pas moins facilement. L'époux qui, par un fait postérieur au jugement de divorce, se trouve dans une situation par suite de laquelle il a besoin d'un complément de ressources, aurait trouvé, si le mariage avait continué, ces ressources dans le devoir d'assistance imposé par la loi, à son conjoint. Il a donc le droit de les réclamer comme si le mariage avait persisté. » (7)

Ce raisonnement paraît des plus fragiles.

La conception alimentaire de la pension ne saurait permettre, en effet, de l'avis même des jurisconsultes de cette école (8), l'allocation d'une pension pour besoins nés postérieurement au divorce, et l'on aboutit à

---

(7) Note au Sirey, 1905, II, 57.
(8) Huc. Commentaire théorique et pratique de Droit civil, II, 418.

la même conclusion en partant du caractère indemnitaire.

Dans cette deuxième alternative, on pourrait être tenté de dire, il est vrai, qu'un délit oblige son auteur à réparer intégralement le préjudice causé et que si le mariage avait duré, le conjoint aurait été à l'abri du besoin jusqu'à la fin de ses jours, à supposer son époux en état de le soutenir. M. Rouast juge ces réflexions inexactes. A son avis, « les principes généraux de la responsabilité ne permettent pas d'adopter la solution qu'on propose, ou, tout au moins, ils imposent une précision indispensable. Une jurisprudence constante proclame qu'un préjudice ne peut être mis à la charge d'une faute qu'autant qu'il résulte directement de cette faute... L'indigence survenue postérieurement au divorce ne peut donc être prise en considération qu'autant qu'elle résulte directement de celui-ci (9) ». Quand cette dernière condition sera-t-elle remplie ? On ne peut répondre qu'en distinguant parmi les faits qui contribuent avec la faute à la réalisation du dommage, deux séries très distinctes : « les faits antérieurs ou concomitants à la faute dont la coexistence avec la faute n'empêche pas l'auteur de celle-ci d'être tenu de la réparation du préjudice résultant à la fois des uns et des autres » — il y a alors dommage direct — « et les faits postérieurs qui excluent toute responsabilité, s'ils entrent pour quelque chose dans les causes du préjudice (10) ». Dans ce cas, le dommage est indirect. La pension de l'article 301 C. civ. ne peut donc être allouée

(9) Note au Dalloz, 1927, I, 103.
(10) Rouast, note précitée.

que pour des faits contemporains du divorce. « En pratique, ce dernier cas se présentera rarement, cependant il n'est pas irréalisable ([11]) », et nous en avons trouvé un exemple dans l'affaire soumise en 1921 à la Cour de Nancy ([12]).

Si, quittant l'hypothèse où l'époux bénéficiaire du divorce n'a pas demandé de pension au moment de la dissolution du mariage, parce qu'il n'était pas alors dans le besoin, on en vient à celle où une pension lui a été allouée par le jugement de divorce, doit-on lui reconnaître le droit d'en demander le relèvement à raison de l'aggravation de ses besoins due à des causes postérieures au divorce ?

Partant du caractère indemnitaire de la pension, on serait porté à soutenir que non ; sous prétexte qu'on ne saurait relever cette indemnité que pour une aggravation du préjudice se rattachant directement au divorce. L'argument prouverait trop. « Il tendrait à proscrire, dit toujours M. Rouast ([13]), la variabilité de la pension de l'époux divorcé, aussi bien en cas de meilleure fortune qu'en cas d'indigence plus grande, contrairement au texte même de l'article 301. »

Mais il y a plus, le caractère alimentaire de la pension conduit à reconnaître, sans conteste, la possibilité d'une augmentation de la pension. En vertu de ce caractère, en effet, la pension après divorce doit être soumise à la réglementation générale des pensions alimentaire, sous une seule réserve imposée par le texte légal: l'impossibilité de dépasser le tiers des revenus de l'époux

(11) et (13) **Rouast, note précitée.**
(12) *Supra,* p. 24.

coupable. Cette disposition, née du désir d'éviter que la pitié inspirée aux juges par l'époux innocent ne les entraîne à frapper trop lourdement le coupable, ne saurait permettre d'écarter toutes les autres règles reçues en matière d'aliments. « Parmi ces règles se trouve celle qui permet au bénéficiaire de la rente de demander un relèvement de son taux si ses besoins augmentent. Il serait arbitraire d'écarter ce relèvement lorsque la cause de ces besoins est postérieure au divorce. Une fois accordée, la pension que l'article 301 qualifie d'alimentaire doit se modeler à la fois sur les facultés du débiteur et sur les besoins du créancier (14). » L'équité le veut ainsi, précise M. Rouast autrement le conjoint divorcé pourrait se plaindre que le législateur eût pensé à lui dans l'article 301 ; il eut bien mieux valu, pour lui, rester sous l'empire de l'article 1382, en vertu duquel une indemnité en capital lui aurait été définitivement attribuée. Or, le législateur a voulu prendre une mesure favorable à l'époux bénéficiaire du divorce, il a eu certainement l'intention de lui assurer une réparation aussi adéquate que possible du préjudice né pour lui de la rupture du mariage. Proscrire la possibilité d'un relèvement serait, sans aucun doute, aller à l'encontre de sa volonté certaine. La jurisprudence se prononce en ce sens (15). C'est à très juste titre.

Les solutions qu'elle donne, dans le *domaine des garanties de la pension après divorce* sont, elles aussi, excellentes.

(14) Rouast, note précitée.
(15) Trib. de Dijon, 25 juillet 1924. *Gaz. Pal.*, 1924, 2ᵐᵉ 678, *supra*, p. 45.

Certes, on a soutenu parfois que l'existence de l'*hypothèque légale* ne saurait se concilier avec le caractère indemnitaire de la pension. La Cour de Bordeaux crut même nécessaire, pour admettre l'existence de cette garantie, de dire « que cette pension n'est que l'application de la dette alimentaire que le mariage crée entre les deux époux et qui survit à la dissolution par un effet spécial de la loi ». [16]

Cet argument semble inutile ; il n'est pas impossible de concilier ces deux idées : d'une part, que la pension constitue la réparation du préjudice causé par la faute du mari ; d'autre part, que cette même pension a son origine dans le fait du mariage.

La faute du mari, sanctionnée par l'article 301, présente, en effet, un caractère juridique très spécial. « Elle résulte de la violation d'obligations nées du mariage, et le préjudice causé consiste ici dans la déchéance pécuniaire infligée à la femme par la rupture du lien conjugal. Si donc l'indemnité de l'article 301 n'est pas due en exécution de l'obligation entre époux qui dérive normalement du mariage, elle se lie cependant très étroitement à ces obligations et au mariage lui-même. C'est ainsi que la faute contractuelle se rattache au contrat, source de l'obligation violée, et ne peut être appréciée dans son étendue et dans ses effets que par référence à ce contrat, car le droit à indemnité pour inexécution suppose le droit antérieur à l'exécution normale [17]. »

Cette idée permet d'attribuer à la créance d'indemnité

---

(16) Cour de Bordeaux, *supra*, p. 83.
(17) Gaudemet. Note au Sirey, 1912, I, 315.

de l'article 301 la garantie hypothécaire établie par l'article 2121 C. civ.

La jurisprudence reconnaît unanimement, à l'heure actuelle, l'existence de cette hypothèque. Elle la considère, de plus, comme indélébile.

Il faut voir là une conséquence de l'impossibilité de céder à un tiers, à cause de son caractère alimentaire, une pension accordée par la justice [18]. « Si jamais droit a dû être considéré comme personnel, c'est assurément celui qui a pour objet de permettre à qui le possède de subvenir aux besoins de son existence, de telle sorte que l'objet de ce droit cesse à la vérité d'être le sien dès qu'il est exercé par une tierce personne. Puis, pour que son but fût plus sûrement atteint, la loi a conféré au juge le pouvoir discrétionnaire de fixer, au mieux des circonstances, les échéances auxquelles les différents termes de la pension sont payables. Mais ne serait-ce pas rendre ce pouvoir tout à fait illusoire que d'autoriser le créancier à avancer de son autorité privée, et par des actes de cession, ces échéances, et par là à percevoir même tout de suite et d'un seul coup, sous la forme d'un capital une fois payé, tout le montant de son droit ? La cessibilité de celui-ci déjouerait toutes les précautions prises en faveur de celui auquel il appartient et rendrait possibles de sa part tous les actes de dissipation et d'imprévoyance... L'obligation alimentaire ne remplirait plus son but, puisqu'il dépendrait du

---

(18) Seule la cession des termes à échoir est, du reste, prohibée. La cessibilité des termes échus n'est pas douteuse ; il faut bien que le créancier puisse en tirer parti.

créancier d'en gaspiller irrémédiablement le bénéfice ([19]). »

La jurisprudence conclut de l'impossibilité de se dépouiller du droit à celle de se dépouiller de ses garanties
légales.

Disposer de l'hypothèque, dit-elle, rendrait bientôt
illusoire la créance alimentaire elle-même. De plus, si
l'indisponibilité de la créance n'entraînait pas celle
de l'hypothèque, on chercherait vainement quels sont
les cas prévus par la loi de 1855, où la femme ne peut
pas céder son hypothèque légale. Jamais la loi n'a déclaré l'hypothèque elle-même incessible. Si la femme
mariée sous le régime dotal ne peut pas consentir de
subrogation, c'est parce que la créance est inaliénable.
Cette solution ébranle singulièrement, il est vrai, la pratique des subrogations à l'hypothèque légale et menace
par là directement le crédit des époux ([20]). Peut-être y
aurait-il lieu de se rallier à l'opinion de M. Capitant,
pour qui « la question montre les inconvénients souvent signalés de cette institution de l'hypothèque légale,
qui alourdit et complique toutes les opérations immo-
bilières et qui, d'autre part, garantit d'une façon si im-
parfaite les intérêts de la fmme. Le vrai remède ne serait-il pas d'abroger d'une façon définitive cette insti-

(19) Baudry-Lacantinerie et Houques-Fourcade. **Des personnes,**
II, 2.110.

(20) La Cour de Cassation a, du reste, précisé que seule l'hypothèque légale n'était pas susceptible d'opérations juridiques. Les garanties conventionnelles consenties par le débiteur de la pension
peuvent, au contraire, être supprimées d'un commun accord (Cass.
civ., 11 janvier 1927. S. 1927, I, 345, avec une note de M. Balley-
dier).

tution, qui ne correspond plus à l'état économique actuel (21) ».

En somme, le caractère alimentaire de la pension peut aboutir parfois à des conséquences pratiques regrettables. Au lendemain de la loi du 27 juillet 1921, sur les petits salaires et petits traitements, ce caractère est pourtant moins niable que jamais. Le législateur se montre de plus en plus bienveillant pour la femme divorcée, et, dans le silence de la loi du 14 avril 1924, sur les *pensions civiles et militaires,* le juge n'hésiterait certainement pas à lui reconnaître de très larges droits.

D'aucuns prétendront assurément que l'union conjugale étant dissoute par le divorce, la femme divorcée ne peut plus invoquer le droit reconnu aux membres de la famille du fonctionnaire de saisir-arrêter, pour le payement de leurs créances alimentaires, la partie insaisissable de ses revenus. Il sera facile de leur répondre que la pension après divorce n'a pas seulement le caractère d'une indemnité allouée en réparation des torts de l'époux coupable, mais bien un caractère mixte. Elle se lie très étroitement aux obligations qui naissent du mariage et au mariage lui-même. La femme divorcée peut donc, à raison de sa pension alimentaire, être considérée comme faisant partie de la famille de son mari, et, à ce titre, faire saisie-arrêt sur ses revenus, sans limitation possible.

L'époux bénéficiaire de la pension doit pouvoir aussi, à cause de son caractère alimentaire, exercer des

(21) Note au Dalloz, 1922, I, 154.

*poursuites pénales,* contre son conjoint, s'il se refuse au
payement. La jurisprudence avait, cependant, longtemps refusé de lui reconnaître ce droit. M. Ripert trouvait cette attitude regrettable, car la loi du 7 février
1924, sur l'abandon de famille, présente toute son utilité entre conjoints divorcés. « Elle a été votée, disait-il,
pour donner une sanction pénale à une obligation civile
dont il était impossible d'assurer efficacement l'exécution. C'est surtout quand les conjoints sont divorcés et
que, de mauvaise foi, le conjoint condamné refuse de
s'exécuter, qu'il est nécessaire de trouver contre lui un
procédé de contrainte. On a dit : la loi ne s'applique
qu'à l'obligation existant entre conjoints, or les époux
divorcés sont désormais étrangers l'un à l'autre. C'est
un pur sophisme parce que la pension a bien été accordée à un époux et l'art. 301 emploie lui-même cette
expression; c'est dans sa qualité d'époux que le créancier trouve la source de sa créance et le débiteur la cause
de sa dette. » Et M. Ripert de prétendre que ce qui
avait dicté la solution jurisprudentielle c'était cette affirmation trop facilement répétée que la pension est
basée sur l'art. 1382 et n'a pas un caractère alimentaire.
« Cette conception purement théorique, concluait-il, a
conduit à un mauvais résultat pratique. Il suffit de dire
que la pension prononcée au cas de divorce est une
pension alimentaire à base indemnitaire pour que la
sanction légale puisse s'appliquer. » M. Ripert a eu le
bonheur de convaincre, et rapidement, la jurisprudence. Son étude sur la pension après divorce avait
paru le 16 juin 1927, dans le « Dalloz Hebdomadaire ».
Moins de deux mois après, le 5 août 1927, la Cour Su-

prême disait l'art. 1ᵉʳ de la loi du 7 février 1924 applicable au non-payement de la pension! (22).

Le double caractère de la pension alimentaire permet aussi, et permet seul de justifier les règles qui président à sa transmission.

La pension survit au débiteur et meurt avec le créancier. Le caractère indemnitaire justifie la première solution. Il ne saurait expliquer la seconde. Les héritiers du créancier d'une indemnité ordinaire ont qualité pour la toucher comme lui-même. Elle faisait partie du patrimoine du défunt, la mort en a changé le titulaire, sans en modifier la composition. Elle leur appartient désormais.

Si la jurisprudence peut se prononcer pour l'intransmissibilité active de la pension, ce n'est donc qu'en considération de son caractère alimentaire.

C'est un point très délicat que de savoir si la solution donnée par les tribunaux au cas de *nouveau mariage de l'époux créancier,* doit être approuvée ou critiquée.

Le dernier arrêt de la Chambre civile sur la matière se prononce pour l'extinction automatique, en raison du caractère alimentaire de la pension après divorce : « La femme divorcée a perdu tout droit à l'encontre de son premier mari, tous les liens sont brisés ; en cas de second mariage, l'obligation alimentaire passe au second mari. »

Cette raison est inconciliable avec le caractère indemnitaire de la pension. La Cour dit que le divorce a

(22) Cass. crim., 5 août 1927. *Gaz. du Palais,* 11 janvier 1928.

rompu tous les liens entre l'époux et son épouse. C'est
vrai des liens qui résultaient du mariage. Les époux
sont « matrimonialement » des étrangers ; il n'y a plus
entre eux de devoir de fidélité, d'assistance et de secours, mais ils restent « délictuellement » enchaînés.
On ne voit pas comment le seul fait du nouveau mariage de l'époux créancier pourrait libérer le débiteur
de son obligation. La réparation d'un dommage doit
être aussi étendue que ce dommage lui-même, or le
second mariage ne répare pas toujours le préjudice
causé par le divorce. Si l'époux innocent a épousé, en
secondes noces, une personne sans fortune, la pension
devrait être maintenue. Pourquoi l'époux coupable a-t-
il mis son conjoint dans l'obligation de demander ou
de subir le divorce ? Il a commis une faute. L'article 1382 l'oblige, semble-t-il, à réparer intégralement le
préjudice causé.

Le maintien de la pension présente, cependant, quelque chose d'anormal. L'époux, aux torts duquel le divorce a été prononcé, doit-il donc entretenir le nouveau
ménage de son conjoint ! et l'on comprend très bien le
mot de M. Ripert : « Il a paru excessif à la jurisprudence que la femme remariée conserve le bénéfice
d'une pension qui lui a été accordée pour vivre digne-
ment quand elle est écartée sans sa faute de la maison
conjugale. Elle a eu raison (23).»

La jurisprudence, par contre, a eu tort de décider
parfois (24) que la pension après divorce est susceptible

(23) M. Ripert. Chronique, D. Hebd., 1927, n° du 16 juin.
(24) Il y a du reste des décisions en sens contraire. Paris, 10 juin
1925. *Gaz. Trib.*, 1925, II, 771.

de *transaction et de renonciation.* Ces deux solutions paraissent juridiquement fausses.

Pourquoi une transaction serait-elle possible ici ? La pension de l'art. 301 présente un caractère alimentaire. Or, c'est un principe certain, les pensions alimentaires ne sont pas susceptibles de transaction.

En outre, l'art. 301 pose lui-même une limite que les tribunaux ne sauraient franchir ; la pension dont il autorise l'allocation ne peut excéder le tiers des revenus de l'époux coupable. Pourquoi les parties auraient-elles une faculté que n'ont pas les tribunaux? La pension alimentaire, enfin, est née à l'occasion d'une instance en divorce, c'est-à-dire d'une matière qui ne comporte pas pour les parties la liberté absolue des conventions, notamment de la transaction. On ne saurait méconnaître que la liberté de transiger laissée aux époux à cet égard, pourrait ouvrir la porte aux combinaisons les moins avouables. Une indemnité stipulée sous le couvert de l'art. 301 pourrait être, dans certains cas, le prix d'un divorce concerté.

Pourquoi serait-il permis de même de renoncer à la pension après divorce ? L'on peut, certes, toujours renoncer à une indemnité ordinaire. Cela n'intéresse en rien l'ordre public, mais la pension de l'art. 301 n'est pas une indemnité ordinaire : « La pension allouée au cas de divorce a pour but de permettre au conjoint de garder, grâce aux ressources qui lui sont allouées, une certaine dignité de vie ou un certain bien-être. Elle a exactement le même but que la pension alimentaire de l'art. 212. Doit-il être permis à celui qui a bénéficié de cette pension d'y renoncer ou de transiger et peut-être d'aliéner son droit pour une compensation insignifiante ou un avantage illusoire ? Le pouvoir de révocation et de revision accordé au juge suffit sans qu'il soit nécessaire de laisser ici toute liberté aux parties (25). »

En somme, pour résumer et classer tout ce que nous avons dit jusqu'à maintenant dans cette deuxième partie, on devrait arriver, en matière de pension alimentaire après divorce, aux solutions suivantes :

1° *Et c'est d'évidence, respect des règles posées par l'article 301 C. civ. :*
Obtention du divorce ;
Limitation de la pension au maximum au tiers des revenus du débiteur ;
Révocation possible de la pension.

2° *Application des règles des pensions alimentaires :*
Variabilité possible dans les deux sens ;
Impossibilité d'une transaction, d'une saisie, d'une cession ou d'une renonciation ;
Existence de l'hypothèque légale à la date du mariage ;
Possibilité de poursuivre le payement de la pension, même sur les biens insaisissables ;
Possibilité d'une poursuite pour abandon de famille, en cas de non-payement de la pension.

3° *Application des règles tirées du caractère indemnitaire de la pension en ce qui concerne :*
L'imputation de la pension ;

(25) M. Ripert. Chronique, D. Hebd., 1927, n° du 16 juin.

Et son payement par les héritiers du débiteur.

Adopter ces solutions, ce serait, en définitive, admettre toutes les règles favorables à l'époux divorcé qui s'est vu allouer une pension alimentaire, en suite d'un divorce prononcé aux torts exclusifs de son conjoint. Ce serait aussi, le fait est digne de remarque devant la vogue de la théorie indèmnitaire de la pension après divorce, emprunter la plupart des solutions à la matière des obligations alimentaires. L'art. 1382 C. civ., enlevé de son piédestal, ne serait plus, en la matière, invoqué qu'à titre subsidiaire. Attitude excellente, car les allusions à l'article 1382, trop fréquentes ici, n'ont pas été sans produire des conséquences néfastes.

Pour Aubry et Rau déjà, invoquer abusivement l'art. 1382 en matière de pension après divorce laissait craindre « qu'en accentuant ainsi les rapports de l'art. 301 et de l'art. 1382, on aboutisse, sinon peut-être à confondre les deux condamnations qui peuvent éventuellement atteindre l'époux coupable : la condamnation au service d'une pension alimentaire et la condamnation à des dommages-intérêts, tout au moins à exagérer le rapprochement de ces deux condamnations et les obligations toutes différentes qu'elles sanctionnent (26). »

Leurs craintes n'étaient que trop fondées.

Cours et tribunaux ont été jusqu'à dire, dans un certain nombre d'hypothèses, que les deux articles 301 et 1382 se confondent si bien que l'allocation d'une pension alimentaire rend l'époux bénéficiaire irrecevable

_________

(26) **Aubry et Rau. Droit civil français,** 4ᵐᵉ édition, VII, § 480, note 32.

à invoquer les dispositions du droit commun et que
seule une pension alimentaire peut réparer le préjudice résultant de la prononciation même du divorce.

Une telle manière de voir mérite d'être énergique-
ment combattue. La jurisprudence a sans doute pensé
que l'art 301 n'étant qu'une application de l'art. 1382,
on ne peut invoquer le second de ces articles en même
temps que le premier. Pour elle, faire autrement serait
appliquer deux fois la même disposition légale. Elle
a résolu ici une difficulté fondamentale à la légère.

IL IMPORTE EN EFFET DE SAVOIR —ET C'EST LA LE NŒUD
DU PROBLÈME — SI LES DEUX ARTICLES 301 ET 1382 C.
CIV. ONT VRAIMENT LE MÊME OBJET.

*Les préjudices qui peuvent naître du divorce sont à la
vérité nombreux et très divers :*

1° Le préjudice peut résulter d'abord de la disparition du devoir de secours « Tant que le mariage du-
rait, écrit M. Planiol (27), il constituait pour chacun des
conjoints une situation acquise sur laquelle il pouvat
compter ; la communauté de vie permettait à l'époux
pauvre de participer au bien-être de son conjoint. Brusquement, par la faute de celui-ci, ces ressources lui
manquent et il se trouve plongé dans la misère... » M.
Lacoste, annotant un des premiers arrêts qui eurent à
s'occuper de l'art 1382 en matière de divorce (28), disait
de même : « Pendant la durée de la vie commune,

<hr>

(27) Droit civil, 9me édition, I, n° 1259.
(28) Note sous Montpellier, 29 novembre 1897. S. 1901, II, 137.

l'époux, qui a obtenu le divorce, bénéficiait à un degré plus ou moins grand, selon le sexe ou les circonstances, de la condition sociale de son conjoint... il profitait dans une mesure qui pouvait être très large des revenus de son conjoint affectés aux charges du ménage. Ces avantages... qu'il retirait de la communauté d'existence disparaissent avec elle. » En un mot, le divorce laisse l'époux innocent sans ressources lorsque sa propre **caisse est vide.**

2° Il peut le laisser aussi sans affections. Sa famille, hostile à son mariage, lui a peut-être témoigné sa désapprobation en rompant avec lui; et ses enfants, eux-mêmes, peuvent lui être enlevés.

3° Il peut le laisser, sinon dans le dénuement absolu, au moins fort appauvri lorsqu'il avait tiré des sommes de sa caisse personnelle ou pris des engagements impliquant une certaine durée de la vie commune.

4° Il peut le laisser d'une nationalité, qui, une fois le mariage dissous, ne présente plus pour lui aucun avantage, car même depuis la dernière loi sur la nationalité (loi du 10 août 1927), la femme étrangère qui épouse un Français devient elle-même Française et de plein droit.

5° L'époux innocent peut subir enfin, du fait du divorce qui lui est imposé, un grave dommage moral. « Dans le domaine moral, le divorce intervenu, même à son profit, pourra lui faire perdre, auprès de personnalités à l'esprit étroit, prétend M. Collet ([29]), la considération dont il jouissait jusque-là. » Cette allusion aux croyances religieuses est, pour le moins, inutile. Il arrivera fréquemment, en effet, et en dehors de toute préoccupation confessionnelle, que l'époux innocent lui-même ressente autour de lui, comme un blâme pour sa conduite. On critiquera son manque d'abnégation ou de tendresse. On insinuera que s'il l'eût voulu, il aurait pu défendre son foyer et se garder à lui-même l'affection de son conjoint. Plus ou moins, selon les circonstances, il pourra souffrir dans sa considération.

*Comment seront réparés ces divers dommages ?* On connaît la réponse jurisprudentielle : par l'allocation d'une pension alimentaire.

Il nous reste à critiquer cette jurisprudence.

Pour nous, *le préjudice que l'allocation d'une pension alimentaire a pour but de réparer est uniquement celui qui naît de la disparition du devoir de secours.*

Aubry et Rau étaient déjà de cet avis : « Le préjudice que l'allocation de la pension alimentaire a pour but de réparer, lit-on dans leur Cours de Droit civil français ([30]), est exclusivement celui qui résulte de la cessation de la vie conjugale et qui ne peut lui survivre. La pension alimentaire de l'art. 301, c'est donc, au fond, l'obligation de secours de l'art. 212, transformée par le divorce et par la faute à laquelle le divorce est dû en une obligation alimentaire. La disposition de droit

(29) De l'obligation alimentaire entre époux divorcés. **Thèse, Paris, 1919, p. 10.**
(30) *Op. cit.,* VII, § 480, note 32,

commun de l'art 1382 n'est pas la véritable source de cette obligation alimentaire, elle est seulement l'agent de transformation de l'obligation de secours de l'art. 212 en une obligation alimentaire. »

« L'article 301, dit de même M. Ripert [31], répare en réalité un préjudice résultant du divorce, la disparition du devoir de secours, mais il ne répare que celui-là. Le texte légal, les conditions posées, établissent nettement qu'il s'agit de remplacer l'obligation alimentaire qui disparaît avec le mariage par une pension à caractère indemnitaire. »

*Les dommages autres que ceux nés de la disparition du devoir de secours doivent entraîner une réparation autre que l'allocation d'une pension.*

« En vain, on objecterait que le mariage a ses règles à part et que sa réglementation toute spéciale ne doit pas être complétée par les dispositions du droit commun. Nous savons qu'un tel raisonnement est fait pour exclure du mariage la nullité à raison du dol d'un époux. Mais nous nous appuyons sur un principe qui semble dominer tout le droit. Ce principe a reçu une formule plus ou moins parfaite, plus ou moins bien placée dans l'économie de la loi en l'article 1382 C. civ. Nous croyons d'ailleurs, qu'il existe des principes supérieurs, principes tutélaires de l'ordre public et des bonnes mœurs auxquels les juges peuvent et doivent recourir quand la loi écrite, la loi positive, leur paraît obscure et insuffisante (C. civ., art. 4) [32]. »

Lacoste, traitant des dépenses personnelles faites par

(31) Note au Dalloz, 1928, I, 6.
(32) Labbé, note au Sirey, 1893, I, 225.

un époux pour des opérations impliquant une certaine durée de la vie commune, reconnaissait de ce chef à l'époux une action en indemnité car « l'article 301 ne s'applique pas... à ce préjudice; ce n'est pas l'indemnité relative à ce dommage que les rédacteurs du Code ont entendu restreindre ; on ne méconnaît, on n'altère en rien le caractère du mariage en exigeant que la brèche faite par le divorce à la fortune personnelle de l'époux innocent soit, et soit pleinement réparée (33). »

L'article 301 C. civ. ne concerne donc que la réparation d'une partie du préjudice, conséquence de la cessation de la vie commune.

Sans doute, dans la mesure où il entre en jeu, il exclut l'application de l'art. 1382.

Ainsi, on ne pourrait allouer à l'un des époux, au mari par exemple, une indemnité en capital, sous prétexte qu'il est, du fait du divorce, privé des ressources que lui procurait la jouissance des biens de sa femme. C'est ici le domaine de l'art. 301 et il ne permet que l'attribution d'une pension.

Dans toutes les autres hypothèses, par contre, il doit être possible à l'époux qui a subi un préjudice d'en demander réparation dans les termes du droit commun et d'obtenir le versement d'une indemnité en capital. On ne saurait, en effet, trouver aucune raison pour soustraire l'époux coupable à l'application des principes ordinaires. Si l'acte qu'on lui reproche est illicite et dommageable, il possède les deux caractères qui rendent l'art. 1382 applicable. Or, de ce que le divorce a été rétabli en 1884, on ne saurait conclure qu'il ne sert pas de sanction à des actes illicites et qu'il n'en résulte pas des conséquences dommageables.

Dommageable, il l'est certes et les faits qui lui donnent ouverture sont illicites car ils constituent en somme une faute à la charge de l'époux contre lequel il est prononcé.

Dire qu'un des époux peut, presque impunément, sans avoir à craindre d'autre sanction que la condamnation à une pension alimentaire, faire prononcer le divorce même à ses torts et griefs, c'est aller à l'encontre de l'intention du législateur qui aurait, en prévoyant spécialement cette hypothèse, singulièrement réduit les droits que le conjoint innocent aurait pu puiser dans les dispositions ordinaires de la loi.

C'est aussi, en contradiction avec les règles de la responsabilité, faire de la situation de fortune de l'époux lésé un élément de son droit d'agir en dommages-intérêts.

L'auteur d'une acte dommageable et fautif doit toujours réparation à la victime, pauvre ou fortunée. En matière de divorce, si vraiment l'art. 301 devait exclure l'art. 1382, on renierait ses principes. L'époux dans le besoin, en état d'invoquer l'art. 301 C. civ., serait recevable à faire entrer en ligne de compte, pour fixer le montant de sa pension, les divers préjudices qu'il subit. L'époux, irrecevable à invoquer cet article, le serait aussi à demander une réparation quelconque pour des préjudices qui n'ont cependant rien de commun avec le devoir de secours et indépendants de sa disparition !

# Conclusion

Nous avons terminé notre longue étude sur la pension alimentaire après divorce. Nous avons vu nombre de Cours et Tribunaux, nombre de jurisconsultes, exposer, à cette occasion, des idées, sinon contradictoires. du moins très diverses, et c'est à la suite de jurisconsultes éminents, et justement parce que nous pouvions nous couvrir de leur autorité, que nous avons proposé une solution mitigée. Oui, vraiment, la pension de l'art. 301 C. civ. nous semble bien être « une pension alimentaire à base indemnitaire », née d'un fait illicite : le divorce, et destinée à réparer uniquement le préjudice causé par la disparition du devoir de secours.

Nous n'ajouterons qu'un mot sur ce dernier point. Notre solution revient, en définitive, à élargir encore le principe de la responsabilité. A ceux qui nous feraient grief, nous répondrons que la mode en est aux responsabilités. Si nombre d'hommes les fuyent avec énergie, le législateur, le jurisconsulte et le juge, par contre, les leur imposent plus que jamais, témoins les diverses lois sur les accidents du travail, la théorie de la responsabilité objective, l'application, sous certaines modalités, de l'art. 1384 C. civ. aux accidents d'automobiles.

Dans ces diverses hypothèses, l'homme en vient, en fait, à être responsable sans faute de sa part. Nous n'en demandons pas tant.

Pour nous, le divorce est un fait lésif. Nous voudrions seulement qu'il entraîne pour conséquence et pour résultat, l'application pure et simple du droit commun de l'art. 1382 C. civ. « excellent résultat, de l'avis même de M. Ripert, car on commence à s'inquiéter aujourd'hui des moyens d'arrêter des actions en divorce devenues trop nombreuses ou trop faciles (34) », et, certes, nombre d'hommes, de toutes conditions et de toutes convictions, commencent à remarquer les effets néfastes de la loi du divorce sur la natalité, l'éducation et la mentalité des enfants.

Le Conseil supérieur de la natalité, dans sa session de 1924 a émis le vœu qu'aucun divorce ne puisse être prononcé sans que le conjoint coupable ne soit condamné à une peine correctionnelle.

« Avant d'en appeler ainsi aux sanctions pénales pour assurer l'observation des obligations civiles, nous transcrivons pour finir ces remarques fort justes de M. Ripert, il faut épuiser les sanctions civiles. Il est peu vraisemblable qu'à notre époque le législateur soit disposé à légiférer contre le divorce. Mais le juge est libre d'appliquer les sanctions dont il dispose. Il semble qu'à l'heure actuelle, il hésite moins à prononcer des condamnations pécuniaires importantes au cas de faute causant un préjudice moral, et qu'il y ait une tendance

(34) Chronique. D. Hebd., 16 juin 1927.

à proportionner la condamnation à la gravité de la faute, puisque l'évaluation du préjudice est nécessairement arbitraire. On peut trouver dans de telles condamnations une utile sanction contre les faits coupables qui contraignent au divorce un conjoint malheureux [35]. »

(35) Note au Dalloz, 1928, I, 7.

# Bibliographie

TOULLIER. — Le droit civil Français, volume I, 2ᵉ partie, nᵒ 746.

LAURENT. — Principes de droit civil, volume III, nᵒˢ 308, 310 et 311.

ARNTZ. — Droit civil Français, volume I, page 296.

DEMANTE. — Cours analytique de droit civil, volume I, nᵒ 341.

HUC. — Commentaire théorique et pratique de droit civil, II, nᵒˢ 415, 417, 418, 420 et 421.

BAUDRY-LACANTINERIE et WAHL. — Des contrats aléatoires, p. 623, nᵒ 1272.

BAUDRY-LACANTINERIE et HOUQUES-FOURCADE. — Des personnes, II, nᵒ 2110.

BAUDRY-LACANTINERIE et CHAUVEAU. — Des personnes, III, nᵒ 289.

AUBRY et RAU. — Cours de droit civil Français, 4ᵉ édition, IV, page 663, § 420.

—	Cours de droit civil Français, 4ᵉ édition, VII, § 480, notes 32, 37.

PLANIOL. — Traité élémentaire de droit civil, 9 édition, I, nᵒ 1259, II, nᵒ 2821.

PLANIOL, RIPERT et ROUAST. — Traité pratique de droit civil Français, *La Famille*, nᵒˢ 636 à 644.

COLIN et CAPITANT. — Cours élémentaire de droit civil Français, 4ᵉ édition, I, p. 367; II, p. 904.

COLLET. — De l'obligation alimentaire entre époux divorcés, *Thèse* Paris, 1919.

## *Notes de Jurisprudence*

COHENDY. — D., 1893, II, 218.

LABBÉ. — S. 1893, I, 225.

WAHL. — S. 1895, II, 25, et 1905, II, 57.

CÉSAR-BRU. — D. 1898, II, 106.

LACOSTE. — S. 1901, II, 137.

VALÈRY. — D. 1902, II, 25.

LYON-CAEN. — S. 1903, I, 113.

LEVILLAIN. — D. 1905, II, 282.

PLANIOL. — D. 1905, II, 1 et 1903, I, 593.

NAQUET. — S. 1905, I, 9.

DE LOYNES. — D. 1908, II, 300, et 1911, I, 26.

GAUDEMET. — S. 1912, I, 313.

MINVIELLE. — S. 1922, I, 154.

CAPITANT. — D. 1922, I, 154.

NAST. — D. 1926, I, 149.

ROUAST. — D. 1926, II, 97, et 1927, I, 103.

RIPERT. — D. 1928, I, 5, et D. Hebd. 1927, 16 juin, Chronique.

# TABLE des MATIÈRES

IMP. BOSC FRÈRES & RIOU

42, QUAI GAILLETON

LYON